はじめての
「123D Design」[ver2]
ワンツースリー　デザイン

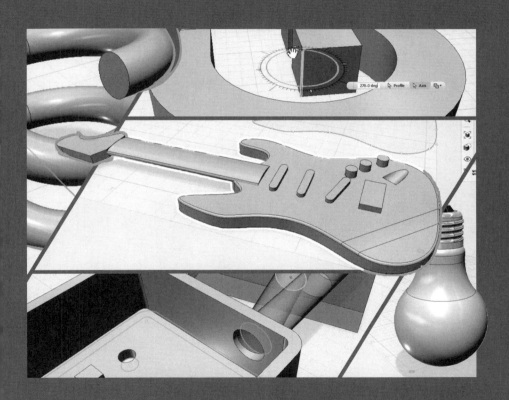

はじめに

　機械的な立体物を作る「3D CADソフト」は、「ちょっと試してみる」というには少し難しいものでした。
　価格が一般的に高く、気軽に利用できるソフトが少なかったことや、操作方法が「3D-CGソフト」と比べると少々難解であったためです。

　しかし、本書で解説する「123D Design」は、無償で利用でき、「3D-CGソフト」のようにシンプルな操作で造形ができます。
　また、「スケッチ」や「幾何拘束」といった機能を駆使すれば、他の「3D CADソフト」にも引けをとらない、複雑な立体の造形や編集も可能です。

*

　この本は、「123D Design」を初めて触る人でも、機能の使い方や、複雑な立体の作り方が理解できることを目標にしました。

　また、「123D Design」で作った立体データを、「3Dプリンタ」や「CNCフライス」で利用したり、他のソフトとの連係などについても解説しています。

*

　本書が、立体物を造形する際の参考になれば幸いです。

nekosan

※本書は、2014年9月に出版した「はじめての123D Design」を、日本語に対応した「バージョン2」の仕様に合わせて、加筆修正したものです。

はじめての 123D Design [ver2]

CONTENTS

はじめに ……………………………………………………………………… 3
「サンプルムービー」「補足PDF」のダウンロード ………………………… 6

第1章　「123D Design」の基本

[1-1]　「123D Design」とは ………………………………………… 8
[1-2]　「123D Design」の動作環境 ………………………………… 10
[1-3]　「123D Design」のインストール …………………………… 11
[1-4]　関連ソフトについて …………………………………………… 19

第2章　画面構成と基本操作

[2-1]　画面構成 ………………………………………………………… 22
[2-2]　アプリケーション・メニュー ………………………………… 24
[2-3]　メイン・ツールバー …………………………………………… 27
[2-4]　ビュー・キューブ ……………………………………………… 32
[2-5]　ナビゲーション・バー ………………………………………… 34
[2-6]　単位表示切り替え、移動単位切り替え ……………………… 38
[2-7]　ヘルプ・メニュー ……………………………………………… 40
[2-8]　クイック・ディメンジョン …………………………………… 42
[2-9]　アトリビュート・マネージャ ………………………………… 43
[2-10]　その他の機能 …………………………………………………… 43
[2-11]　プリミティブ …………………………………………………… 46
[2-12]　スケッチ ………………………………………………………… 48

第3章　「プリミティブ」で立体物を作る

[3-1]　「プリミティブ」を配置 ……………………………………… 50
[3-2]　「プリミティブ」を他の立体状に配置する ………………… 53
[3-3]　「視線移動」と「ナビゲーション・バー」「ビュー・キューブ」… 55
[3-4]　マウスによる視線移動やズーム ……………………………… 60
[3-5]　「クイック・ディメンジョン」による数値指定 …………… 62
[3-6]　「トランスフォーム」による変形 …………………………… 64
[3-7]　「押し出し」による変形 ……………………………………… 77
[3-8]　「プレス/プル」による変形 …………………………………… 80
[3-9]　「ツイーク」による変形 ……………………………………… 83
[3-10]　「スイープ」による造形 ……………………………………… 86
[3-11]　「回転」による造形 …………………………………………… 89

CONTENTS

- [3-12] 「ロフト」による造形 ……………………………… 92
- [3-13] 「フィレット」と「面取り」……………………… 96
- [3-14] 「シェル」によるくり抜き ……………………… 99
- [3-15] 「パターン」と「ミラー」………………………… 103
- [3-16] 「グループ化」と「結合」………………………… 109
- [3-17] スナップ …………………………………………… 115
- [3-18] 計測 ………………………………………………… 118
- [3-19] マテリアル ………………………………………… 123

第4章 「スケッチ」を使う

- [4-1] 「スケッチ」の描き方 …………………………… 128
- [4-2] 「スケッチ」が描かれる場所（座標系）……… 135
- [4-3] 「面を構成する線」と、「面にならない線」… 138
- [4-4] 「スケッチ」から立体を作る …………………… 142
- [4-5] 「スケッチ」から「スイープ」で立体を作る … 144
- [4-6] 「スケッチ」から「回転」で立体を作る ……… 147
- [4-7] 「スケッチ」から「ロフト」で立体を作る …… 149
- [4-8] 「修正」を使って、立体を加工 ………………… 151
- [4-9] 「スケッチ」を使った、「パターン」の生成 … 156
- [4-10] テキスト文字 ……………………………………… 160
- [4-11] 「スケッチ」の加工 ……………………………… 163
- [4-12] 「スケッチ」の再編集 …………………………… 171
- [4-13] 「立体造型」と「三面図」……………………… 181
- [4-14] 「スケッチ」を使った複雑な立体 ……………… 192

附 録

- [附録A] 少し複雑な編集の操作方法 ……………………… 198
- [附録B] 「3Dプリンタ」で出力する際の流れ ………… 202
- [附録C] 「CNCフライス」で出力する際の概要 ……… 208
- [附録D] 「3Dプリンタ用素材」の種類と特徴 ………… 212
- [附録E] 扱うファイルと関連ソフト ……………………… 215
- [附録F] ショートカット一覧 ……………………………… 220

索引 ………………………………………………………………… 222

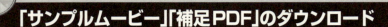

「サンプルムービー」「補足PDF」のダウンロード

　本書の「ドリル」の解答を説明している「サンプルムービー」と、下に示す「補足PDF」は、工学社のサポートページからダウンロードできます。

　＜工学社ホームページ＞
　　http://www.kohgakusha.co.jp/

　ダウンロードしたファイルを解凍するには、下記のパスワードを入力してください。

　　　　　　　OrHRVkdQz3MT

すべて半角で、大文字小文字を間違えないように入力してください。

「補足PDF」の内容について

「補足PDF」では、次の内容について解説しています。

・「123D Design」でできること、苦手なこと
・「3Dプリンタ」や「CNCフライス」で使われるデータ形式

●各製品名は一般に各社の登録商標または商標ですが、®およびTMは省略しています。

第1章 「123D Design」の基本

この章では、「123D Design」の入手方法とインストールについて説明します。
また、「123D Design」や「3D CADソフト」の概要や、「3D-CGソフト」との違いについても触れます。

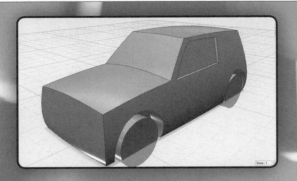

第1章 「123D Design」の基本

1-1 「123D Design」とは

■「123D Design」の特徴

「123D Design」は、米国の老舗CADソフトベンダー「Autodesk社」が提供する「3D CADソフト」です。

*

「3D CADソフト」は、コンピュータの画面上で立体形状のデザインをするためのソフトです。

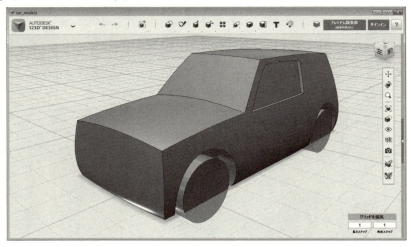

「123D Design」の画面

一般に、「3D CADソフト」は、操作が複雑だったり、機能が多くて難解なものが多いです。

それに対して「123D Design」は、利用の度合いが多い機能に絞られていて、分かりやすくシンプルな操作で立体物をデザインできます。
たとえば、「立方体」や「円柱」などの立体を組み合わせたり、くり抜いたりして、立体物を整形していきます。

[1-1] 「123D Design」とは

■「3D CADソフト」について

「CADソフト」(Computer Aided Design Software) は、機械や建築のような立体物のデザインだけでなく、電気回路や服飾といった2次元デザインなど、広い範囲で用いられています。

> ※各種専門の「CADソフト」では、形や寸法、色といったデザインだけでなく、構造の強度計算や、重量計算などが自動でできる「CAE」(Computer Aided Engineering、コンピュータ支援製造)機能や、「CAM」機能が統合されたものが広く用いられています。
> 「CAM」については、附録B～Cで触れます。

*

一般的な「3D CAD」や「3D-CG」のソフトは、「ディスプレイ画面」という2次元の画面で、「3次元の立体」のデザインを操作する必要があります。

「奥行き」の方向についても、2次元の画面上で操作する必要があるので、操作には多少の慣れが必要です。

しかし、「123D Design」では分かりやすい操作系と表示が採用されているので、すぐに慣れることができます。

■「3D CADソフト」と「3D-CGソフト」

「3D CADソフト」と似たものに、「3D-CGソフト」というものがあります。

「3D CADソフト」は、もともと機械や建築物の図面や構造を、コンピュータ上でデザインする用途に用いられるので、通常は「座標」や「長さ」などを「数値」で細かく指定できるようになっています。

一方、「3D-CGソフト」は、生き物の体や、顔の表情といった、有機的な立体物のデザインを得意としており、一部分を伸ばしたり凹ましたり、といった直感的な操作で造型を行ないます。

「3D CADソフト」では、寸法を厳密に合わせながら、積み木のように立体物組み上げたり、木材のような硬いものを削りだして構成していく感じで、「3D-CGソフト」は、粘土を手作業で造型していく感じでイメージすると、その違いが分かりやすいかもしれません。

*

第1章 「123D Design」の基本

　「123D Design」は、「3D CADソフト」でありながら、「3D-CGソフト」のような操作も取り入れているので、「曲線」「曲面」の加工も簡単な操作ででき、「3D CADソフト」にあまり慣れていない人でも、比較的容易に立体物をデザインできます。

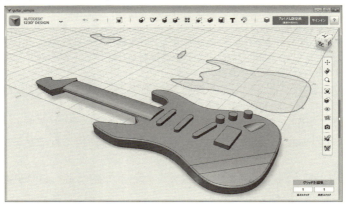

曲面を使ったデザインの例

1-2　「123D Design」の動作環境

■「123D Design」が利用可能なプラットフォーム

　「123D Design」は、「Windows」「MacOS X」「iPad」で利用できます（2016年8月時点）。

■「Windows版」の要求スペック

　「Windows版」の要求スペックは、以下のようになっています。

- Windows 7（32bitまたは64bit）以降
- 「Intel Pentium 4」「AMD Athlon 64」、もしくはそれ以降のCPU（2GHz以上のプロセッサ）
- 2GB以上のRAM（最低でも1.5GB）
- 1.5GB以上の空きディスク容量
- 「Direct3D 9または10」に対応したグラフィックカード（搭載メモリ64MB以上）

※執筆時点の「バージョン2.1」では、ディスプレイの横幅が「1280pix」以上である必要があります。

■「MacOS X版」の要求スペック

「MacOS X版」の要求スペックは、以下のようになっています。

- 「MacOS X version 10.7」以降（64bit Intelプロセッサ搭載）
- 「Mac Pro 4.1」以降、「MacBook Pro 5.1」以降（「MacBook Pro 6.1」以降推奨）、「iMac 8.1」以降（「iMac 11.1」以降推奨）
- 3GB以上のRAM（4GB推奨）
- 2.5GBの空きディスク（3GB以上推奨）
- 1280×800のtrue color対応ディスプレイ（true color対応1600×1200ディスプレイ推奨）
- 「MacOS X」がサポートするすべての言語に対応

■「iPad版」の要求スペック

「iPad版」は、iTunesのAppストアで入手でき、「iOS 7.0」以降に対応しています。

1-3 「123D Design」のインストール

本書では、「Windows版」のインストールについて解説します。

※ソフトのバージョンによっては、多少インストール手順が変わったり、Webページ上の説明が変更される可能性があります。
　また、「Windows版」以外の環境でも基本的な機能や操作は大きく変わらないと思いますが、環境ごとの差異は適宜読み替えてください。

■アカウントの作成

[1]Autodesk社の「123Dシリーズ」のサイト（http://www.123dapp.com/）にアクセス。

第1章 「123D Design」の基本

「123D Design」のトップページ

[2] ページ右上の横三本線のアイコンをクリックして表示されるメニューから、「JOIN US」を選択。

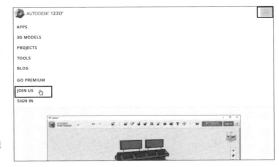

「JOIN US」をクリック(横三本線のアイコンの場合)

[3]「Free」「Premium」「Premium+MakerBot」の3種類のメンバー登録選択が表示されます。

まずは「Join 123D for Free」のボタンをクリックして、「Freeメンバー」として登録します(有料会員は、あとから必要に応じて登録できます)。

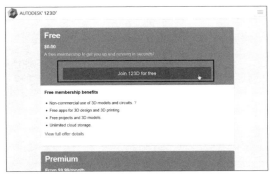

メンバー登録の選択画面

[1-3] 「123D Design」のインストール

[4]「メールアドレス」と、「123Dアプリ」用メンバーにアクセスするための「パスワード」を入力。

※パスワードは、セキュリティ確保のために、メールアカウントやその他のサービスで使っているパスワードとは異なるものを設定してください。

「メールアドレス」と「パスワード」を設定

[5]アカウントの作成が終わると、先ほどのメニュー画面の「SIGN IN」「JOIN US」の部分が、「ME」(私)という表示に変わります。

これでクラウド上の「My Project」スペースに作ったものをアップロードしたり、他の人と共有したりすることが可能になります。

また、登録したメールアドレス宛に、「Welcomeメール」が届くので、内容に目を通しておいてください。

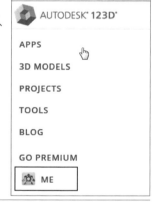

トップページのメニュー表示が「Me」に変わる

■ダウンロード

[1]メニューから「Apps」をクリックすると、「123Dシリーズ」アプリの一覧が表示されるので、この中から「123D Design」をクリック。

「123Dアプリ」の一覧画面

第1章 「123D Design」の基本

[2]「123D Design」のダウンロードページが開くので、「PC download」「Mac download」「iPad download」から、利用環境用のものをクリック。

ダウンロードページから「Download 123D Design」をクリック

[3] インストーラのファイルを保存。

インストーラファイルを保存

■インストーラの実行

[1] ダウンロードが完了したら、インストーラを実行してください。

インストーラを実行

[1-3] 「123D Design」のインストール

[2]ユーザーライセンスに関する規約文が表示されます。
「Accept & Install」をクリックして、インストールを続行します。

ライセンス規約の文章が表示される

[3]利用する言語の選択画面が表示されるので、「English」「日本語」などから、好きなものを選択。
本書では、「日本語」でインストールを進めます。

言語選択の表示

> ※アイコン名やメニュー名に表示される日本語は、機械翻訳のように分かりにくい部分があります。
> 英語表記のソフトを使い慣れている方は、英語のほうが、意味が分かりやすいと思うので、以降の内容では、説明の冒頭に「英語」の項目名も併記しています。

インストールは数分掛かります。

第1章 「123D Design」の基本

インストール中の画面

[4]インストールの途中で、「Meshmixer」のインストールを行なうかの確認画面が表示されたら、必要に応じてダウンロードしてください。

本書では「Meshmixer」は取り扱いませんが、必要に応じてインストールしてください。

> ※「Meshmixer」は、3D-CG系のモデリングソフトです。3Dプリンタ用のサポート機能などが充実しており、「123D Design」で作った立体物を出力するときに便利です。

[5]インストールが完了したら、「Launch 123D Design」ボタンをクリックして、「123D Design」を起動。
(製品の改善のために、ユーザーを特定しない解析用情報を収集する旨のダイアログが表示されるので、「OK」をクリックしてください)。

インストール完了

[1-3] 「123D Design」のインストール

■起動画面

「123D Design」を起動すると、最初に編集画面の各部の名称や、簡単な操作説明などを説明している、「123D Designへようこそ」のダイアログ画面が表示されます（内容は、バージョンによって変わります）。

初回起動のダイアログ画面

なお、このダイアログ画面は、編集画面右上の「?」印のアイコンから、ドロップダウンメニューの「クイックスタートのヒント」をクリックすると、いつでも表示できます。

このポップアップで表示される情報は、**第2章**以降で説明するので、左下「次回から表示しない」もしくは右上の「×」印をクリックして、ポップアップを閉じてください。

第1章 「123D Design」の基本

　編集画面が表示されたら、クラウド環境の「My Project」にアクセスできるように、右上の「サインイン」アイコンからログインしておきましょう。

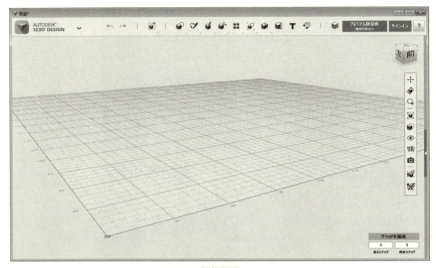

編集画面

1-4　関連ソフトについて

　「123D Design」は、Autodesk社が無料で利用できるソフト（非営利の場合）として提供している「123Dシリーズ」のひとつです。

　Autodesk社は、1980年代からCAD系ソフトを販売している大手老舗で、「AutoCAD」「MAYA」「3ds Max」といったプロ用のソフトが有名です。

　「123Dシリーズ」は、「無料の3Dモデリングソフト」として提供されており、次のようなソフトがあります。
（これらは、「123D Design」と同じようにダウンロードやインストールをしたり、Webアプリ画面にログインできます）。

「123Dシリーズ」の関連ソフト

ソフト名	概　要
123D Catch	立体物を写した複数の写真から、立体データを自動的に生成するアプリ。
123D Circuits	電子回路を描いたり、シミュレーションすることができるアプリで、有料プランを利用すれば、プリント基板を出力することも可能。
123D Make	立体物を画面上でモデリングして、板やダンボールのようなものを「積層構造」や「ワッフル構造」で組み立てられるデータとして出力できるアプリ。
Meshmixer	ポリゴンを使ってモデリングする3Dモデリングのアプリで、動物の頭を他の動物のものと取り替えたりなど、粘土を手で扱う感覚で立体データを作ることができる。
123D Sculpt +	立体物を押したり引っ張ったりつまむような操作で加工するアプリ。「Meshmixer」と少し似ているが、左右対称の立体物の片側だけを加工すると、左右両側に効果が反映されるような機能ももっている。 以前公開されていた「123D Creature」と「123D Sculpt」が統合されたソフト。
Tinkercad	名前の通り、子供向けに考慮された、簡単な操作で立体データを作ることができるアプリ。 「123D Design」と似た操作系で、「立方体」や「円柱」「球」などを変形させたり、積み木のように組み合わせて立体を作る。
Tinkerplay	腕や脚などのパーツを組み合わせて、ロボットのようなものを簡単に造形できる、子供向けに考慮されたソフト。

第1章 「123D Design」の基本

　Autodesk社のソフト以外にも、「123D Design」や「3Dプリンタ」に関するソフトとして、以下のようなものがあります。

「3D CAD」「3D-CG」関連のソフト

ソフト名	概　要
DesignSpark Mechanical	「RSコンポーネンツ社」が提供している、無料の「3D CAD」アプリ。 「123D Design」のように、立方体や円柱などを組み合わせて、立体物を整形していくスタイルのツール。
metasequoia	ポリゴンを使った国産の3Dモデリングのアプリで、「Mesh mixer」や「123D Sculpt+」と近い機能をもっている。比較的、直感的な操作でモデリングができることが特徴。 以前は無料版（機能縮小版）があったが、最新版では有料のみとなっている。
Blender	ポリゴンを使ったモデリングアプリで、無償（GPLライセンス）で配布されている。 有料のツールに匹敵する機能をもつ。

第2章

画面構成と基本操作

この章では、「123D Design」が搭載している機能や、画面構成などの概要について触れます。

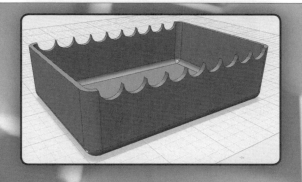

第2章 画面構成と基本操作

2-1 画面構成

■「編集エリア」と各種ツール

「123D Design」のウィンドウは、以下のように機能が割り当てられています。

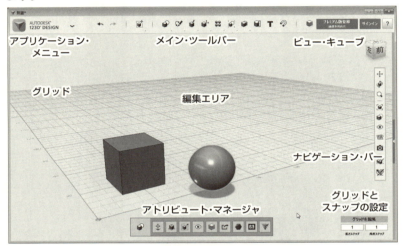

ウィンドウ全体＋各部の補足

画面中央は「**編集エリア**」(Modeling Area) です。
「立体物」や「スケッチ」(後述) を配置したり、加工したりする領域です。
グリッド線が描かれていて、これに合わせて「立体物」や「スケッチ」を配置したり、編集したりできます。

画面左上には、「**アプリケーション・メニュー**」(Application Menu) があります。
ドロップダウンリスト形式で、一般的なアプリの「ファイルメニュー」的な機能が揃っています。

その右側には、「**メイン・ツールバー**」(Main Toolbar) があります。
「メイン・ツールバー」には、立体を配置したり、変形や加工を行なうための機能が揃っています。

右端の上側には、「ビュー・キューブ」（View Cube）があります。
この立方体の図形をマウスで操作することで視点を変えたり、投影法（正射影表示／遠近法表示）を切り替えたりできます。

その下には、「ナビゲーション・バー」（Navigation Bar）があります。
視点を上下や左右にパン（振る）したり、ズームしたり、表示する対象を選択したりといった機能をもっています。
「ビュー・キューブ」と組み合わせて利用します。

右下には、「長さスナップ」「角度スナップ」「グリッドを編集」があります。
「長さスナップ」と「角度スナップ」は、立体を移動したり回転する際の「スナップ」の量を調整します。
「グリッドを編集」は、編集エリア(グリッド)のサイズの設定と、使用する長さの単位の指定を行ないます。
長さの単位は「mm（ミリ）」「cm（センチ）」「in（インチ）」から選ぶことができ、「長さのスナップ」で設定した数値は、これらの単位が適用されます。

そのほか、編集中に「アトリビュート・マネージャ」（Attribute Manager）や「クイック・ディメンジョン」（Quick Dimension）が表示されることがあります（後述）。

クイック・ディメンジョン

2-2 アプリケーション・メニュー

ウィンドウ左上の「123D DESIGN」という「ロゴ」の部分にマウスを移動すると、「アプリケーション・メニュー」のドロップダウンが表示されます。

「アプリケーション・メニュー」のドロップダウン

■新規作成(New)

新たに、立体物の造型を始めます。
編集中の立体物がある場合は、確認のダイアログ(保存/編集中の内容を破棄/取り消し)が表示されます。

■開く(Open)

保存してあるファイルを読み込みます。
読み込み元は、「マイプロジェクト」(クラウド上の自分用のスペース)、「コンピュータを参照」(自分のPC上のストレージ)、「ギャラリーから開く」(世界のユーザーが作って公開しているギャラリー)、「サンプルを開く」(テ

ンプレートとして登録されているサンプル）から選択します。

　以前PC上に保存したファイルであれば、「コンピュータを参照」から、「参照…」ボタンをクリックして、ファイル選択ダイアログから対象ファイルを選びます。

■保存(Save)

　編集中の立体物を保存します。
　「マイプロジェクトに」を選ぶとクラウド上の自分用スペースに、「マイコンピュータに」を選ぶと自分のPC上に保存します。

■コピーを保存(Save a Copy)

　編集中の立体物に、別の名前を付けて保存します。

■インポート(Import)

　各種「3Dデータ」や、「DRAW系ソフト」などで作った「.SVG」形式のベクターデータを取り込みます。
　「SketchのSVG」を選ぶと、平面の「スケッチ（後述）データ」として、「ソリッドのSVG」を選ぶと、平面データに厚みをもたせた「立体物データ」として取り込みます。

■3Dでエクスポート(Export as 3D)

　各種3D形式で、立体データを出力します。
　出力できる形式は、「.STL」「.DWG／.DXF」「.SAT／.STEP」「.X3D」「.VRML」です（これら各ファイルの概要については、**附録**で説明します）

■2Dでエクスポート(Export as 2D)

　各種2D形式で、平面のベクトルデータを出力します。出力できる形式は、「.SVG」「.DWG／.DXF」です。
　「2Dレイアウトを作成」を選ぶと、クラウド上に保存した立体データから、「.DWG」ファイルが生成されます。
　「www.123dapp.com」にアクセスしてログインすると、「ダウンロード・メニュー」から「.DWG」ファイルをダウンロードできます（これら各ファイル形式については**附録**で説明します）。

■3Dプリント(3D Print)

作った立体データを、3Dプリントします。

「オンラインオーダー」を選ぶと、提携している3Dプリントサービスに、ネット経由で注文します。

「デスクトップ3Dプリンタ」を選ぶと、「Meshmixer」経由で、自宅の3Dプリンタに出力できます。

■送信先(Send To)

「Meshmixer」「123D Make」にデータを送信して、これらのソフトと連携します。

■終了(Exit)

「123D Design」を終了します。

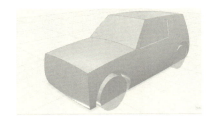

2-3 メイン・ツールバー

「メイン・ツールバー」の詳細は以下のようになっています。

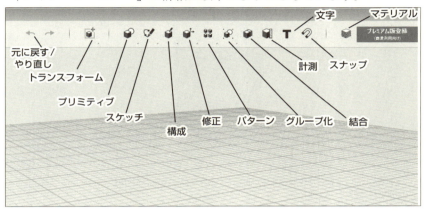

「メイン・ツールバー」のボタン

■元に戻す/やり直し(Undo/Redo)

操作の内容を取り消したり、取り消した作業をもう一度やり直すときに使います。

■トランスフォーム(Transform)

作業スペースにある立体や図形を、上下左右に移動したり、大きさ（縮尺）を変えるといった操作で使います。

移動はマウス操作でも可能です（**第3章**で実際に操作します）。

■プリミティブ(Primitives)

「立方体」や「円柱」「球」のような、比較的単純な立体を、「編集エリア」に配置するときに使います。

これらの立体を元に、「トランスフォーム」や後述の「構成」「修正」などで、変形や立体同士の足し引きなどを行ない、複雑な形状を作り出すこともできます。

第2章 画面構成と基本操作

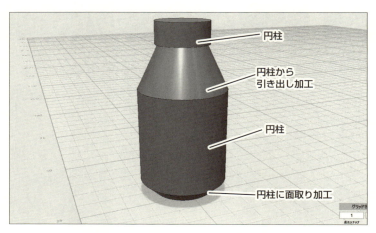

「プリミティブ」を元に作った立体の例（ボトル）

※サブメニューには、「平面図形」（スケッチ）を描画する機能も含まれるのですが、それらは次の「スケッチ」メニューにもすべて含まれています。本書では、平面図形については「スケッチ」機能に分類して扱います。

■スケッチ（Sketch）

「プリミティブ」だけでは表現が難しい複雑な形状を作るときに使います。

「多角形」「曲線」で構成される立体物を作ったり、「プリミティブ」の立体を曲面で加工したりできます。

また、次に解説する「構成」で、「押し出し造型」を行なう場合のパス（道筋）を指定するといったような、複雑な加工を行なうときにも使います。

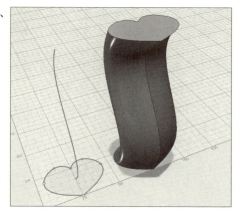

「スケッチ」を使った複雑な加工の例
（ハート型の柱）

■構成(Construct)

「面」を引っ張り出して造型したり、「面」や「立体」をパスに沿った軌跡や回転させた軌跡から造型したりできます。

「構成」の使用例。「円錐」の底面から作った回転体(左)と、「円形」と「正方形」を滑らかにつないだ立体(右)

■修正(Modify)

立体物を部分的に変形(改修)する機能です。

立体物の「面」をつまんで引っ張り出したり、「角度」を変更したりできます。

また、「面」や「立体」の分割や、「辺」の面取りや丸め加工、瓶のように立体内部を「中空」にするときにも使えます。

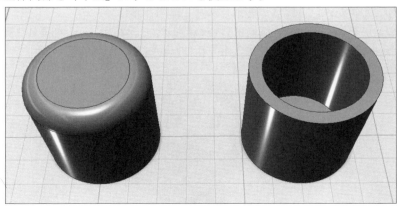

「修正」の例。丸め加工(左)と中空加工(右)

■パターン(Pattern)

　1つの立体を基に、それを複数生成して、直線状や円周など規則的に並べたり、鏡で写したように対称の立体を作るときに使います。

「パターン」の例(円錐を縦横に並べる)

■グループ化(Grouping)

　複数の立体を1つにまとめたり、まとめたものを分離するときに使います。

■結合(Combine)

　2つ以上の立体を結合するときに使います。「グループ化」と似た機能です。

　しかし、「グループ化」とは違って、一度結合すると完全に1つの立体物として扱われ、分離はできません（一部例外あり）。
　また、単純に複数の立体を足し合わせるだけではなく、立体同士の差分を取ったり、共通部分だけ抜き出したりといった操作が可能です。

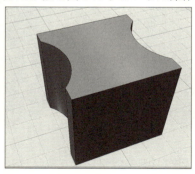

「結合」の例(「立方体」から「円柱」を引き算した差分)

■計測(Measure)

面や立体同士の「距離」を計測したり、「面積」「体積」「角度」を計ったりできます。

■文字(Text)

「文字列」で指定したテキスト文字を、PCに用意されている「True Type Font」を使い、「スケッチ」(後述)として描く機能です。

描いた文字の形状で、文字が浮き出した立体を作ったり、「エンボス加工」をしたりするときに使います。

「文字」の例(「ABCDE」の文字を立体化)

■スナップ(Snap)

ある立体上の面と、別の立体にある面を磁石のようにくっつけます。

その際、「トランスフォーム」による移動と、「グループ化」の操作を一度に行ないます。

(「グループ化」を行なうかは、「ナビゲーション・バー」の「スナップ中のグループ化をオン/オフ」で切り替えができます)。

■マテリアル(Material)

立体の面の「色」や「質感」を設定します。

*

これらのメニューは、「サブメニュー」から詳細機能を選択して使います。(「サブメニュー」の機能詳細や使い方は、後で解説します)。

2-4　ビュー・キューブ

「ビュー・キューブ」は、「編集エリア」の立体物をどの方向から眺めるのかといった、「視線」を変えるときに使います。

ビュー・キューブ

■「マウスクリック」による視線移動

マウスカーソルを「ビュー・キューブ」の上に移動すると、マウスが指している部分（面や辺、頂点）が青く変色します。
その部分をクリックすると、視線がその方向に切り替わります。

たとえば、「上」という部分をマウスでクリックすると、視線が「上から見下ろす」ように切り替わります。

■「マウスドラッグ」による視線移動

「ビュー・キューブ」を左ドラッグ（マウスの左ボタンをクリックしたままマウス移動）しても、視点を動かすことができます（「ピボット」操作と言います）。

「ビュー・キューブ」の面部分（「上」「左」など）をクリックすると右上に表示される「矢印マーク」（右回転、左回転）は、クリックすると、自身の首を傾けるようにそれぞれ「時計回り／反時計回り」に90度回転します。

■ホームアイコン

「ビュー・キューブ」左上に表示される「家」のようなマークをクリックすると、視線を「ホームポジション」（斜め上からの視線）に戻します。
視線移動は、後述する「ナビゲーション・バー」による操作でもできます。
「ビュー・キューブ」の操作の特徴は、「ぴったり正面」とか、「ぴった

[2-4] ビュー・キューブ

り上面」のような「ぴったり」の位置に視線を動かしたり、「ホームポジション」にワンクリックで戻ったりできるところにあります。

■「正射影」と「パースビュー」の切り替え

「ビュー・キューブ」の右下にある「小さな三角形」のようなアイコンをクリックすると、ポップアップで「ホーム」「正射影」「パースビュー」と表示されます。

「ホーム」は、先ほどの「家」のマークと同じ機能です。
また、「正射影」をクリックすると「正射影表示」に、「パースビュー」は「遠近法表示」に切り替えます。

「遠近法表示」のほうが立体感が掴みやすいので、通常の編集時は「パースビュー」にしておくことをお勧めします。

「正射影表示」では、寸法や位置関係を把握しやすいので、立体同士を正確に組み合わせるときなどは、こちらに切り替えると便利です。

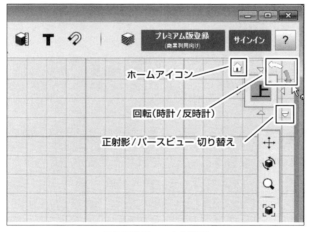

それぞれのマークの位置

2-5 ナビゲーション・バー

「ナビゲーション・バー」は、視線移動やズーム表示（拡大縮小）、立体物やスケッチ（後述）の表示と非表示を切り替えたりします。

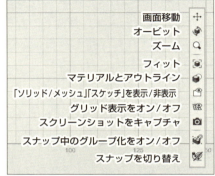

「ナビゲーション・バー」の各アイコン

また、視線変更に関する操作は、3ボタンマウスの「右ボタン」や「センターボタン」（スクロール・ホイール内蔵のボタン）でも操作可能なので、ここで併せて触れます。

> ※「画面移動」「オービット」「ズーム」といった操作が、マウスのセンターボタンや右ボタンでできます。状況に合わせて、「ナビゲーション・バー」と「マウス」の使いやすいほうを利用してください。
> 　なお、他の3D関連ソフトのマウス操作に慣れている方には、ほぼお馴染みの操作体系になっているので、マウスに関して迷わず使えると思います。

■画面移動（Pan）

視線の方向を保ったまま、立体物を眺める「視点」を上下左右に移動します。

「画面移動」のアイコンをクリックすると、マウスカーソルの形が変わり、その状態で「編集エリア」を左ドラッグすると、操作に合わせて視点が上下左右に移動します。

立体物の特定の部分を、画面中央に移動したいときなどに利用します。

[2-5] ナビゲーション・バー

「画面移動」は、マウスの「センターボタン」のドラッグでも操作できます。

■オービット(Orbit)

眺める先の場所（立体物）を固定したまま、どの方向から眺めるかの、「視点」の移動に使います。

「オービット」のアイコンをクリックすると、マウスカーソルの形が変わると同時に、編集エリアの中央付近に「円」のマークが表示されます。

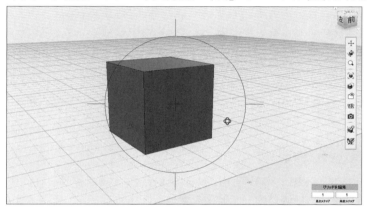

「オービット」操作中の画面

この「円」の内側でマウスを左ドラッグすると、立体物をどの方向から眺めるか、視点を上下左右に移動します。

「円」の少し外側で左ドラッグをすると、首を左右に傾けるような方向に、視線を回転できます。

「オービット」は、マウスの「右ボタン」のドラッグでも操作できます。

> ※「オービット」は、「ビュー・キューブ」の視線移動とほぼ同じ操作が可能です。
> 　若干異なる点として、「オービット」では「円」が表示される状態で左クリックすると、その場所を回転の中心に指定できます。
> 　また、首を左右に傾けるような操作は90度単位ではなく、マウス操作で任意の角度で回転します。

第2章 画面構成と基本操作

■ズーム(Zoom)

　立体物に近寄って大きく表示したり（ズームイン）、全体を遠巻きに眺める（ズームアウト）ときに使います。

　「ズーム」アイコンをクリックして、「編集エリア」で左ドラッグでマウスカーソルを上下に動かすと、ウィンドウの中心を軸に、「ズームイン」や「ズームアウト」ができます。

　また、スクロールホイールでも、「ズームイン」「ズームアウト」ができます。スクロールホイールの場合、ズームの中心軸は、マウスカーソルの位置になります。

> ※右ボタンやセンターボタンを使った「画面移動」「オービット」「ズーム」の視線移動は、立体物やスケッチの編集中に使うと、効率的に編集作業ができます。

■フィット(Fit)

　作成中の立体物全体が画面に収まるように、「画面移動」と「ズーム」を自動調整する機能です。全体像を素早く確認するときに便利です。

■マテリアルとアウトライン(Materials & Outlines)

　立体物の表示方法を変更します。
　編集中に、「面」や「辺」の位置関係がどのようになっているか確認するときに使います。

　「マテリアルとアウトライン」を選択すると、立体物の「面」と「辺」両方を表示します。

　「マテリアルのみ」を選択すると、「辺」の縁取りが消え、「面」だけが表示されます。

　「アウトラインのみ」を選択すると、「面」が消え、「辺」の縁取りだけが表示されます。

■「ソリッド/メッシュ」「スケッチ」を表示/非表示(Show / Hide)

「立体物」や「スケッチ」（後述）を表示したり、一時的に非表示にするときに使います。

「スケッチ」を使って造型や加工を行なった結果を確認する際、「スケッチ」の表示が邪魔になることがあります。

そのような場合に、「スケッチ」を一時的に非表示にします（詳しくは、**第4章**で改めて説明します）。

■グリッド表示をオン/オフ(Grid Visibility)

「編集エリア」のグリッド表示のオンオフを切り替えます。

立体物の編集中に、グリッド表示を消したほうが見やすいという場合などに使います。

■スクリーンショットをキャプチャ(Capture Screenshot)

編集画面に配置された立体物やスケッチを、画像ファイル（ビットマップ画像）として保存します。

■スナップ中のグループ化をオン/オフ(Grouping while Snapping)

「スナップ」を使って面と面をくっつけた後に、「グループ化」を行なうかどうかを指定します。

標準では「オン」になっていて、「スナップ」を行なった際に、「グループ化」も行なわれます。

「オフ」にすると、「スナップ」を行なっても「グループ化」は行なわれません。

「スナップ」を行なった後に、一度微調整したい場合は、「オフ」にしておくといいでしょう。

■スナップを切り替え(Toggle Snapping)

配置ずみのオブジェクトをドラッグするときに、他のオブジェクトの位置に合わせてスナップするかどうかを指定します（「インテリジェント・スナッピング」と言います）。

「オン」にすると、マウスのドラッグ操作で立体を移動するときに、周囲の立体と正確な位置合わせが簡単にできます。

2-6　単位表示切り替え、移動単位切り替え

■長さスナップ（Linear Snap）

編集画面右下に「長さスナップ」と書かれている部分は、「長さの単位表示切り替え」のボタンです。

マウスを重ねると、「0.1〜10」までの数値と「オフ」を選択するドロップダウンリストが表示されます。

数値を指定すると、「トランスフォーム」の「移動/回転」を使った際の移動の単位を設定できます。また、「オフ」を選択した場合は、スナップが無効になります。

なお、移動の単位（mm、cm、in）の選択は、後述する「グリッドを編集」のサブウィンドウで行ないます。

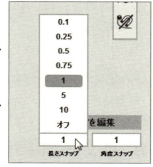

「長さスナップ」のドロップダウンリスト

■角度スナップ（Angular Snap）

編集画面の右下にある「角度スナップ」と書かれているボタンは、「角度の単位表示切り替え」です。

マウスを重ねると、「1〜90」までの数値と「オフ」を選択するドロップダウンリストが表示されます。

数値を指定すると、「トランスフォーム」の「移動/回転」を使った際の回転の単位を設定できます。

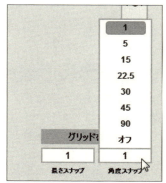

「角度スナップ」のドロップダウンリスト

[2-6] 単位表示切り替え、移動単位切り替え

■グリッドを編集(Edit Grid)

「グリッドを編集」は、「編集エリア」のグリッドサイズの設定と、「長さスナップ」の移動単位を設定します。

クリックすると、「環境設定」の「単位とグリッド」のサブウィンドウが開きます (ヘルプメニューの「基本設定」から開くこともできます)。

デフォルトでは、「360×360mm」になっているので、使っている3Dプリンタの出力サイズなどに合わせて設定してください。
(「プリセットを使用」のドロップダウンから、各種3Dプリンタの規定値を選択することもできます)。

*

「単位」は、「トランスフォーム」メニューを使って立体物を移動する際の、移動単位を指定できます。

デフォルトでは「mm」(ミリ)になっていて、「cm」(センチ)や「in」(インチ)に切り替えることができます。

「グリッドを編集」のサブウィンドウ

各単位と、上記の「長さスナップ」で指定した数値を 掛け算した値が、「移動/回転」で移動する単位になります。

たとえば、「単位」に「mm」を、「長さスナップ」に「0.1」を指定すると、「0.1mm」単位で移動できます。

第2章 画面構成と基本操作

2-7 ヘルプ・メニュー

ウィンドウ右上の「?」印のアイコンにマウスを移動すると、「ヘルプ」機能のドロップダウンが表示されます。

「ヘルプ」のドロップダウンリスト

■クイックスタートのヒント(Quick Start Tips)

「123D Design」をインストールした直後の初期状態では、編集画面が現われる前に、「123D Designへようこそ」のダイアログ画面が表示されます。

「クイックスタートのヒント」をクリックすると、同じダイアログ画面を再表示します。

「クイックスタートのヒント」のダイアログ

なお、「123D Design」を日本語表示に設定していても、このダイアログ画面の表記は「英語」になります。

[2-7] ヘルプ・メニュー

■ショートカットキー(Shortcut Keys)

「キーボード・ショートカット」の画面が表示されます。
「メイン・ツールバー」や「ナビゲーション・バー」などの代わりに、キーボードやマウスで操作する方法が記載されています（ただし、英語表記になります）。
「キーボード・ショートカット」については、**附録F**を参照してください。

■ヘルプ(Help)

機能解説（ヘルプ）のPDFファイルを表示します。

■サポート・フォーラム(Support Forum)

ブラウザで、「123D Designサポート・フォーラム」のページを開きます（要ログイン）。

■ビデオ・チュートリアル(Video Tutorial)

動画配信サイト「YouTube」から、「Autodesk 123D」のページをブラウザで開きます。
なお、このページには、「123D Design」を含む「Autodesk 123D」シリーズの動画が登録されています。

■基本設定(Preferences)

「言語」や「グリッド」などの詳細設定画面を開きます。

■バージョン情報(About)

「123D Design」のバージョン情報などを表示します。

2-8　クイック・ディメンジョン

　「メイン・ツールバー」から立体物を選んで「編集エリア」に配置する際、左クリックで配置場所を確定するまでの間、「編集エリア」下部に「クイック・ディメンジョン」のダイアログが表示されます。

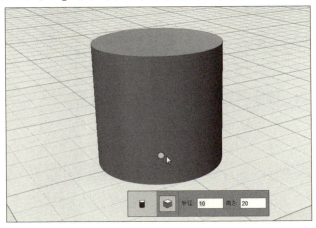

「クイック・ディメンジョン」の例(円柱の場合)

　たとえば、直方体（立方体）を配置する際には、「クイック・ディメンジョン」に「長さ（Length）」「横幅（Width）」「高さ（Height）」を数値で入力して指定できます（「グリッドを編集」のサブウィンドウで指定した「単位」で入力します）。

　立体物によっては、「半径（Radius）」を入力する場合もあります。

> ※一度配置すると、その後は「クイック・ディメンジョン」を再表示できません。サイズの指定は、配置の際に「クイック・ディメンジョン」で行なってください。

2-9　アトリビュート・マネージャ

　立体物をクリックして選択すると、その立体物を編集して加工する際によく使われるメニューが、「アトリビュート・マネージャ」(Attribute Manager) に表示されます。
　「メイン・ツールバー」や「ナビゲーション・バー」にアクセスせずに、使用頻度の高い編集メニューを手早く利用できます。

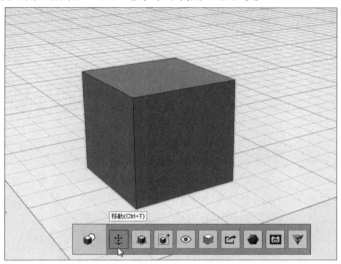

「アトリビュート・マネージャ」の表示例

2-10　その他の機能

■パーツ・ビン(Parts Bin)

　ウィンドウ右端の「小さな三角形」をクリックすると、「パーツ・ビン」のドロー画面（サブウィンドウ）が表示されます。

　「パーツ・ビン」は、半組み立てずみのパーツです。
　「電気機器」(Lightning Fixture) や、「歯車」(Gear) などをプルダウンメニューから開いて、必要なパーツを編集エリアにドラッグ＆ドロップして、より複雑な立体物を作るときに利用します。

第2章　画面構成と基本操作

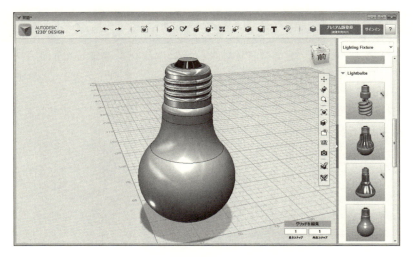

「パーツ・ビン」の例

■アカウント表示

「ヘルプ」メニューのアイコンの右隣には、「アカウント名」のドロップダウンメニューが表示されています。

「アカウント」のドロップダウン

ログインしているときには、図のようにユーザー名が表示されます。

ログインしていないときには、ユーザー名の代わりに「サインイン」と表示されます。
ログインしていないと一部の機能が利用できないので、特に理由がない

[2-10] その他の機能

のであれば、常時ログインしておいてください。

　「ログイン」するには、**第1章**で登録した「アカウント名」(または電子メールアドレス) と「パスワード」が必要になります。
＊
　「マイプロジェクト」をクリックすると、自分のページの「プロジェクト」画面がブラウザで開きます。
　ここには、クラウド上に保存してある製作物や、コミュニティでのやり取りなどが表示されます。
＊
　「詳細…」をクリックすると「Recent Activity」(最近の活動) がブラウザで開きます。
＊
　「プレミアム版登録」をクリックすると、有料会員の入会画面がブラウザで開きます (「マイアカウント」は有料の機能です)。

　「サインアウト」で、ログアウトします。

2-11 プリミティブ

「プリミティブ」は、「根源の」とか「素朴な」といった意味をもっていて、「123D Design」の「プリミティブ」は、以下のような「単純な立体物」を指します。

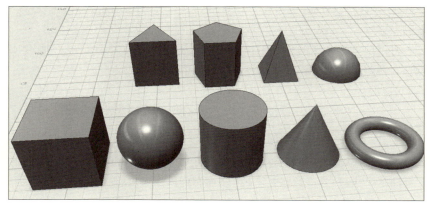

「プリミティブ」を配置したところ

> ※次で説明する「スケッチ」の「線」や「長方形」「円」なども、「プリミティブ」のメニューからも利用できるのですが、本書ではこれらは「スケッチ」に分類して説明します。

上の図の通り、素朴で単純な立体物なのですが、

・面を押し出したり押し込む。
・辺や頂点を引っ張り出す。
・立体物に立体物を足し合わせる。
・立体物から別の立体物の形状をくり抜く。
・立体物の共通部分を抜き出す。
・角や辺に「面取り」や「丸め加工」を行なう。
・立体物を「移動や回転」して、その軌跡の立体を作る。

などの加工を使うことで、複雑な立体物を作り出すことが可能です。
　実際、大抵のものは「プリミティブ」だけでも作れます。

[2-11] プリミティブ

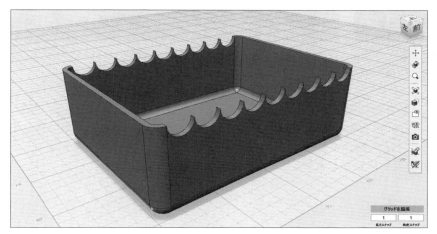

「プリミティブ」だけで作った立体物の例

　また、「プリミティブ」だけでは難しい立体物も、次に解説する「スケッチ」を使って「曲線」や「曲面」などに加工することで、さらに複雑な立体物を作ることも可能です。

　第3章で、実際に「プリミティブ」を使った加工を試してみます。

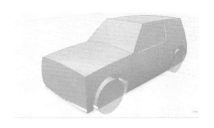

2-12 スケッチ

「スケッチ」は、紙にペンでメモを描き入れるように、「立体物の表面」や、「グリッド面」に、「線」や「平面図形」を描き入れる機能です。

「長方形」「楕円」「円」「多角形」といった単純な図形や、「折線」「滑らかな曲線」「円弧」などを組み合わせて、複雑な図形を描くことができます。
　これらの図形を使い、「押し出し」や「カット」といった加工をすることで、複雑な立体が作れます。

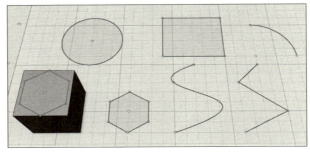

「スケッチ」の例

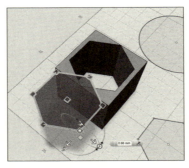

立方体上に描いた「スケッチ」で加工した例

「スケッチ」は、「プリミティブ」に比べると、操作の難易度は少し高いのですが、使い慣れれば、「プリミティブ」だけでは実現できない複雑な形状の立体物が作れるようになります。

第4章で、実際に「スケッチ」を使った加工の方法を試してみます。

第3章

「プリミティブ」で立体物を作る

この章では、「プリミティブ」関係の機能、画面の見方、操作の仕方を触れた上で、ドリル形式で操作をして、「123D Design」の使い方を理解していきます。

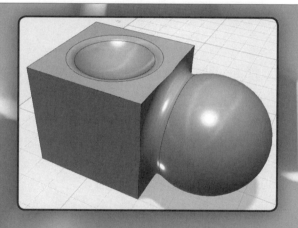

第3章 「プリミティブ」で立体物を作る

3-1 「プリミティブ」を配置

■とりあえず配置してみる

まずは手を動かして、立体を配置してみましょう（2Dの画面で立体物を扱う感覚に慣れながら、各機能の意味を掴んでいきます）。

＊

「メイン・ツールバー」の、「プリミティブ」のところにマウスカーソルを移動すると、プリミティブの一覧がドロップダウンで表示されます。

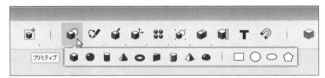

「プリミティブ」のメニュー

この中から「ボックス」（Box：立方体・直方体）を選んで、左クリックしてください。

すると、一辺が20mm（「単位設定」が「mm」の場合）の立方体が現われます。

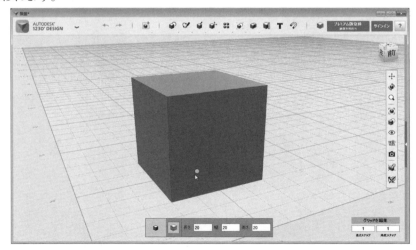

「ボックス」を配置している様子

[3-1] 「プリミティブ」を配置

マウスカーソルの動きに合わせて、グリッドの「面」の上を移動できます。また、グリッド上で左クリックすると、その場所に配置できます。

後で詳しく触れますが、グリッド面は、編集の内容によっては、以下の図のように、立体の側面や上面などに移動して表示される場合もあります。

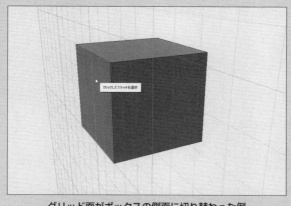

グリッド面がボックスの側面に切り替わった例

■スナップ機能

グリッド上を移動すると、キリのいい座標値の部分に吸い寄せられます（スナップ）。この機能によって、正確な位置に立体を配置できます。

「123D Design」には、このほかにも正確な配置や加工ができる仕組みが備わっています（詳しくは、それぞれの機能のところで触れます）。

■「ボックス」のサイズを指定する

サイズを指定して、「直方体」を配置してみましょう。

*

「プリミティブ」から「ボックス」を選んだときに、画面の下部に「クイック・ディメンジョン」が表示されます。
（この時点ではまだ左クリックをしないでください。グリッド上に立体物を配置すると、「クイック・ディメンジョン」が閉じてしまいます）。

第3章 「プリミティブ」で立体物を作る

「クイック・ディメンジョン」への入力例

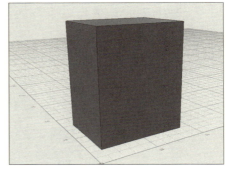

マウスカーソルを「クイック・ディメンジョン」に移動して、「長さ（Length）」「幅（Width）」「高さ（Height）」のテキストボックスに、それぞれ「30」「40」「50」と入力すると、右の図のようになります。

「クイック・ディメンジョン」で指定した寸法の「直方体」

なお、「クイック・ディメンジョン」については、**第3-5節**で改めて触れます。

ドリル

「球」「円柱」「円錐」「トーラス」を、サイズを指定せずにグリッド平面上に配置してみましょう。

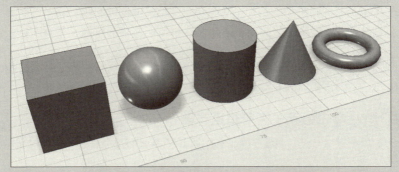

※本書の「ドリル」における操作方法の解説は、工学社ホームページからダウンロードできるサンプルムービーを参照してください。
なお、一部のサンプルムービーについては、日本語表記に対応する前のバージョンを元に作っているため、項目が英語表記になっています。

3-2 「プリミティブ」を他の立体状に配置する

■「円柱」の上に、「円錐」を配置する

「プリミティブ」を配置する際、マウスカーソルをすでに配置してある立体物に近づけると、その立体物の表面（面や辺）に取り付くように配置できます。

＊

まず、グリッド上に「円柱」を配置し、次に「円錐」を選んだ状態で、「円柱」の周囲を移動させてください。

すると、「円錐」はグリッド上だけではなく、「円柱」の表面に取り付く位置にも移動します。
（この、カーソル付近の「面」や「辺」「頂点」に取り付く機能を、「インテリジェント・スナッピング」と呼びます）。

「円柱」に「円錐」を近づけた様子

この際、「円柱」の一部（面や辺）が「青く」変わって、どこに取り付いているかが分かるようになっています。

＊

位置を決めたら、左クリックで確定すると、「円錐」がその場所に配置されます。

第3章 「プリミティブ」で立体物を作る

　配置場所はマウスで自由に指定できますが、「円柱」の「辺」や上面の「円の中心」「面や辺の端」には「グリッド線」と同様にスナップする場所があります。

　たとえば、先ほどの図の「円柱」と「円錐」では、「円の中心」同士がピッタリ合う位置でスナップします。

　「ナビゲーション・バー」の「スナップを切り替え」を「オン」にすると、マウスの左ドラッグで配置ずみの立体を移動する際も、「インテリジェント・スナップ」機能を利用できます。

ドリル

「プリミティブ」の上部や側面に、新たな「プリミティブ」を配置してみましょう。

①「ボックス」（立方体）を配置して、その上面の中央に「球」を配置。
②「ボックス」（立方体）を配置して、その側面の中央に「トーラス」を配置。

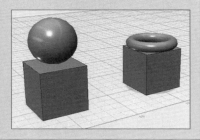

3-3 「視線移動」と「ナビゲーション・バー」「ビュー・キューブ」

「ビュー・キューブ」や「ナビゲーション・バー」を使うと、ズームや視点変更、立体の見え方(遠近法や正射影)を変えることができます。

ズームや視点変更については、マウスの「右ボタン」や「中央ボタン」でも行なうことができます。
(マウスの「右ボタン」や「中央ボタン」による視線操作は、次節で説明します)。

■視点移動の準備

視点移動の操作を行なってみましょう。
立体物のサンプルとして、編集エリアに「ボックス」を配置し、操作によってどのように見え方が変わるかを眺めます。

■ズーム操作

ズームは、「ナビゲーション・バー」の「ズーム」アイコンを使います。
「ズーム」をクリックしてから、「編集エリア」でマウスを上下に左ドラッグすると、ズームを調整できます。

「ナビゲーション・バー」のズームアイコン

ズーム操作が終わったら、キーボードの「Esc」キーを押すと、操作を終了できます(「編集エリア」の余白部分をクリックしても終了できます)。

■視点移動の操作

「ビュー・キューブ」の面の部分(「上」や「前」と書かれた部分)をクリックすると、その面が正面になる位置に、視点を移動します。

また、「ビュー・キューブ」の「辺」や「頂点」をクリックすると、そこが正面になる位置に、視点が移動します。

「ビュー・キューブ」のクリックでは、「面」「辺」「頂点」の延長上から立体を眺める視線に移動するので、45度単位での回転が可能です。

ビュー・キューブ

■視点回転の操作(Orbit)

「ビュー・キューブ」をマウスでドラッグしたり、「ナビゲーション・バー」のオービット(Orbit)アイコンを使うと、45度単位ではなく、自由な角度に視点位置を回転できます。

「ビュー・キューブ」アイコンをクリックしてから、「編集エリア」を左ドラッグすると、立体物を眺める視点の位置を回転できます。

「オービット」のアイコン

[3-3] 「視線移動」と「ナビゲーション・バー」「ビュー・キューブ」

*

「オービット」も「ビュー・キューブ」と似た操作ができますが、「編集エリア」のどの部分をドラッグするかによって、回転の仕方が少し異なります。

「オービット」を選択したときに表示される「輪の内側」を「左ドラッグ」すると、「ビュー・キューブ」と同様の回転になります。
　また、「輪の少し外側」を「左ドラッグ」すると、首を左右に傾けるような向きに回転します。

　内側、外側では、それぞれマウスカーソルの形状が次の図のようになります。このようにカーソル形状は回転方向を表わしています。

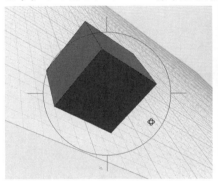

「オービット」選択時の輪の表示

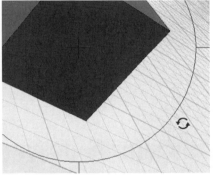

「オービット」で輪の少し外側をドラッグ
（マウスカーソルが変化する）

　なお、首をかしげる向きでの回転は「ビュー・キューブ」の場合、「上」や「前」などの「面」（90度単位の視線位置）を選んだときに右上に表示される「回転マーク」のクリックでもできます。
　この場合、ちょうど90度ずつの回転になります。

第3章 「プリミティブ」で立体物を作る

■ホームポジション(Go Home)

「ビュー・キューブ」の右上にある「家」の形のマークは、「ホームポジション」に戻るアイコンです。

ワンクリックで、起動時の視線に戻ります(ズームは、編集中の立体物すべてが見える位置になります)。

「オービット」などで回転軸が意図しない方向になったときなどに、この「ホームポジション」アイコンを使うと、回転軸もリセットされます。

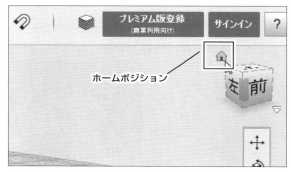

ホームポジション

■「画面移動」(Pan)の操作

「画面移動」は、見る方向はそのままに、目の位置を上下左右に移動する視線移動です。

「画面移動」アイコンをクリックしてから、「編集エリア」を左ドラッグして、視線を移動します。

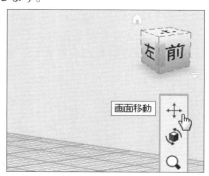

「画面移動」アイコン

[3-3] 「視線移動」と「ナビゲーション・バー」「ビュー・キューブ」

　これまでに説明した視線の移動は、「見つめる先」を固定したまま、「どの方向から眺めるか」を変える方法でしたが、「画面移動」は「視線の方向」は固定したまま、「目の位置」だけを移動します。

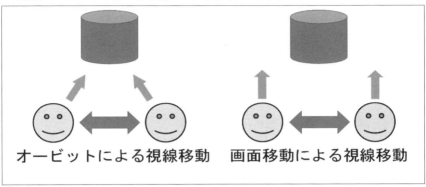

「画面移動」と、他の視線移動の違い

　「画面移動」は、少しずつ視線をズラしながら、広い範囲を同じ方角から眺めるときに使います。

■「フィット」(Fit)の操作

　「フィット」は、「編集エリア」に配置ずみの立体物を、すべて眺められる位置になるように、「画面移動」と「ズーム」を、「フィット」アイコンのワンクリックで同時に行なう操作です。全体像を確認したい場合に使います。

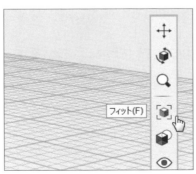

「フィット」アイコン

第3章 「プリミティブ」で立体物を作る

> **ドリル**
>
> プリミティブを配置して、一連の視線移動の操作を行なってみましょう。
>
> ①「ボックス」を配置して、「ズーム」アイコンでズーム。
> ②「ビュー・キューブ」の「面」「辺」「頂点」をクリックして視線を移動。
> ③「ビュー・キューブ」をドラッグして、視線を移動。
> ④「オービット」を使って、視線を移動。
> ⑤「ホームポジション」アイコンで、視点を元に戻す。
> ⑥「画面移動」で、視線を上下左右に移動。
> ⑦「フィット」で、全体像が見える位置に移動。

3-4 マウスによる視線移動やズーム

視線の移動やズームは、「ビュー・キューブ」や「ナビゲーション・バー」のほかに、マウス操作だけでもある程度できます。

■マウスでのズーム操作

マウスでのズーム操作は、3ボタンマウスの「中央ボタン」(スクロールホイール)の回転で行ないます。
(ノートPCのタッチパッドのようなポインティング・デバイスでは、スクロールホイール機能に割り当てた操作を使います)。

その際、ズームの中心になる位置は、「マウス操作」と「ナビゲーション・バー」の場合で異なります。
「ナビゲーション・バー」の「ズーム」を使う場合は「画面中央」に固定されますが、「マウスの中央ボタン」の場合は、「マウスカーソルの位置」が中心になります。

[3-4] マウスによる視線移動やズーム

■マウスでの視線移動(オービット)の操作

マウスの右ドラッグを行なうと、視線の回転移動ができます。

この視線移動は、「ナビゲーション・バー」の「オービット」と同じで、視線を立体物に向けたまま、回転するような移動になります。

ただし、「オービット」では表示された「輪」は表示されず、編集画面のどこで右ドラッグしても、「オービット」の「輪の中」の右ドラッグと同じ効果になります。

■マウスでの視線移動(画面移動)の操作

マウスの「中央ボタン」で「ドラッグ」を行なうと、視線の平行移動ができます。

この視線移動は、「ナビゲーション・バー」の「画面移動」と同じで、視線方向を保ったまま、目の位置だけ移動するような効果になります。

ドリル

マウスの操作で、一連の視線移動の操作を行なってみましょう。

①「ボックス」を配置して、マウス「中央ボタン」の回転でズーム。
②マウス「右ボタン」をドラッグして、「オービット」操作。
③マウス「中央ボタン」をドラッグして、「画面移動」操作。

> ※マウスによる「ズーム」「オービット」「画面移動」の操作は、「Metasequoia」などの3D-CGソフトと類似しています。
> 3D-CGソフトを触ったことのある方なら、操作に迷うことはないでしょう。

＊

これらの視線操作は、「立体物」や「スケッチ」の配置の最中などでも行なうことが可能です。

特に、マウスの「中央ボタン」や「右ボタン」による視線移動は、使い慣れると編集しやすくなります。

第3章 「プリミティブ」で立体物を作る

3-5　「クイック・ディメンジョン」による数値指定

「プリミティブ」を選択してから左クリックで配置するまでの間、「編集エリア」の下部に「クイック・ディメンジョン」のダイアログが表示されます。

「クイック・ディメンジョン」のダイアログ（円錐の場合）

■「クイック・ディメンジョン」の操作

立体物を選択してから、「左クリック」でプリミティブの位置を確定する前にダイアログに数値を指定ことで、立体物のサイズを数値指定できます。

マウスカーソルを「クイック・ディメンジョン」に移動し、テキストボックスに数値を入力することで、サイズを指定します（左クリックで位置を確定すると、「クイック・ディメンジョン」は閉じます）。

＊

プリミティブごとに、指定できるパラメータは以下のように異なります。

ボックス (Box：立方体／直方体)	長さ、幅、高さ(Length、Width、Height)
球（Sphere）	半径（Radius）
円柱（Cylinder）	半径、高さ（Radius、Height）
Cone（円錐）	Radius(半径)、Height(高さ)
円錐（Cone）	半径、高さ（Radius、Height）
トーラス（Torus）	主軸の半径、副軸の半径（Major Radius、Minor Radius）※
ウェッジ（Wedge）	半径、高さ（Radius、Height）
プリズム（Prism）	半径、高さ、側面（Radius、Height、Sides）
角錐（Pyramid）	半径、高さ、側面（Radius、Height、Sides）
半球（Hemisphere）	半径（Radius）

※主軸の半径はドーナツ型の「輪」の部分の半径、副軸の半径は「断面」の半径。

これらのテキストボックス間は、「TAB」キーで移動することができます。

[3-5] 「クイック・ディメンジョン」による数値指定

ドリル

各プリミティブを、サイズを指定して配置してみましょう。

① 「ボックス」を選択して「長さ＝24mm、幅＝16mm、高さ＝30mm」を指定し、配置。
② 「球」を選択して「半径＝16mm」を指定し、配置。
③ 「円柱」を選択して「半径＝18mm、高さ＝10mm」を指定し、配置。
④ 「円錐」を選択して「半径＝24mm、高さ＝16mm」を指定し、配置。
⑤ 「トーラス」を選択して「主軸の半径＝20mm、副軸の半径＝3mm」を指定し、配置。

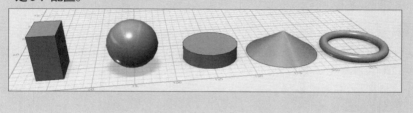

【補足】

「トーラス」以外の立体物のサイズは、後述の「トランスフォーム」の「スケール」や、「構成」、「修正」を使うことで修正可能です。

ただし、「スケール」の修正は「mm」（ミリ）や「in」（インチ）などの単位ではなく、「比率」での指定になります。

そのため、特に理由がなければ、配置時に「クイック・ディメンジョン」でサイズを指定しておくことをお勧めします。

3-6 「トランスフォーム」による変形

「トランスフォーム」は、日本語では「変形」「変化」といった意味ですが、「123D Design」の「トランスフォーム」は、立体物の形状を変形させるだけでなく、「位置の移動」の機能も含んでいます。

「123D Design」は、GUI操作のソフトなので、詳細な操作方法が分からなくても、なんとなく扱えてしまうところはあるのですが、正確な位置決めや造型、加工には、「トランスフォーム」の操作の特徴を押さえておくことが重要です。

■「移動/回転」による移動と回転

「移動/回転」(Move/Rotate) を使うと、「移動」や「回転」ができます（形状は変化しません）。

「移動」の距離や方向、「回転」の角度は、マウスによる操作でも、数値入力でもできます。

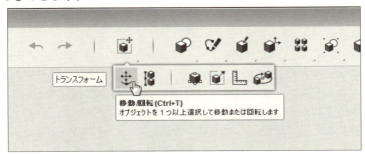

「移動/回転」のメニュー

「トランスフォーム」→「移動/回転」を選択して、立体物をクリックすると、立体物の周囲に、「ガイド」（矢印や輪のマーク）と、数値入力のダイアログが表示されます。

図中の3つの「矢印マーク」は、X軸、Y軸、Z軸方向に移動するための「ガイド」です。

この「矢印マーク」を「左ドラッグ」すると、それぞれの方向に移動できます。

[3-6] 「トランスフォーム」による変形

　移動距離は移動に合わせて、リアルタイムで「ダイアログ」に表示されます。
　移動単位は、編集エリア右下の「長さスナップ」で指定した値によります。
　たとえば、「単位」を「mm」に、「長さスナップ」を「0.1」に設定すると、移動単位は「0.1mm」となります。

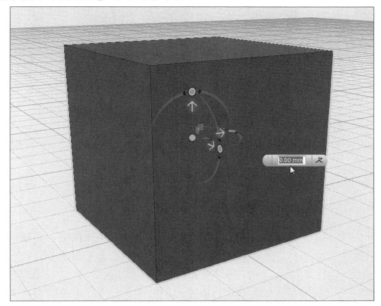

「移動／回転」の移動距離のガイド

　なお、「矢印マーク」を左クリックで選択してから、「ダイアログ」に数値を入力することでも移動できます。
　この場合は、グリッドサイズに関係なく、任意の値を指定することが可能です。

　「ガイド」に表示される「3つの輪のマーク」は、それぞれX軸、Y軸、Z軸の方向を中心に回転するためのものです。
　「輪のマーク」を左ドラッグすると、それぞれの方向に回転できます。

65

第3章 「プリミティブ」で立体物を作る

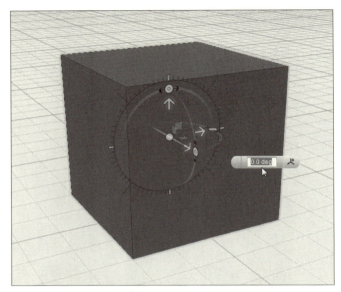

「移動/回転」の角度のガイドで角度を指定

　回転角は、マウスで自由に指定できます。また、距離指定と同様に、角度を「ダイアログ」に直接数値入力して指定することも可能です。

　さらに、回転角も「スナップ」機能が利用できます。その際のスナップ量は、右下の「角度スナップ」で指定できます。

【補足】

> 　「移動/回転」での移動だけでなく、立体物を左ドラッグすることで、グリッド上を移動することもできます。
> 　正確さが必要な位置決めには「移動/回転」を、あまり正確さを求めなくてもいい場合は「左ドラッグ」での移動という具合に使い分けてください。
> 　なお、「バージョン2.0」から、「ナビゲーション・バー」に追加された「スナップを切り替え」機能を使うと、左ドラッグでも、「インテリジェント・スナッピング」を利用して、配置済の立体の周囲に正確に配置することが可能になりました。
> 　必要に応じて使い分けてください。

■「スケール」によるサイズの変更(Scale)

配置ずみの立体物のサイズは、「スケール」で変更できます。

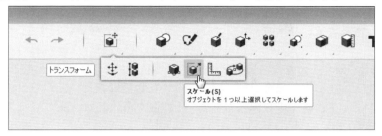

「スケール」のメニュー

サイズの指定は、元の大きさに対する「比率」で指定します。
「比率」の指定は、マウス操作でも、数値入力でも指定できます。

*

「トランスフォーム」→「スケール」を選択して、立体物をクリックすると、立体物の周りに「矢印マークのガイド」と、数値入力の「ダイアログ」が表示されます。

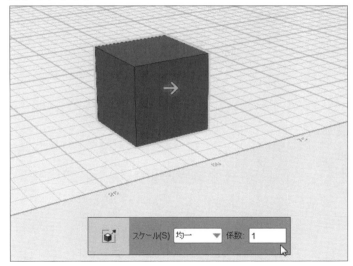

「スケール」のサイズ入力ダイアログ

第3章 「プリミティブ」で立体物を作る

　「矢印マーク」のガイドをドラッグすると、立体物を拡大縮小することができます。
　拡大縮小の「比率」は、操作に合わせてリアルタイムで「ダイアログ」に表示されます。

　「移動/回転」と異なり、スナップされる位置はないので、正確なサイズで拡大縮小したい場合は、「ダイアログ」に数値で指定してください（通常は、ダイアログへの数値入力を用いる機会が多いと思います）。

　ダイアログに表示されている「スケール」と書かれているドロップダウンを開き、「均一」から「不均一」に変更すると、「縦」「横」「高さ」（X軸、Y軸、Z軸）の比率を別々に指定することも可能です。

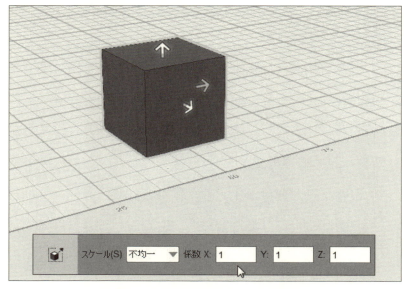

「不均一」を選択したときのダイアログ表示

[3-6] 「トランスフォーム」による変形

■「移動/回転」の「方向再設定」機能(Reorient)

先述の「移動/回転」による移動は、X軸、Y軸、Z軸に沿って移動する方法です。

しかし、「移動/回転」でいったん回転させた立体物を、「回転後の向き」に合わせて移動したいというケースや、「他の立体物の向き」に合わせて移動したいというケースもあるでしょう。

そのような場合、「方向再設定」を使うと、「移動/回転」で移動する「軸」の向きを切り替えることが可能です。
(操作が少し複雑ですが、実際に操作してみれば、その方法や効果はすぐ掴めると思います)。

*

まず、1個のボックスを配置して、次の図のように「移動/回転」で30度回転してください（左側）。

次に、もう1個のボックスを近くに配置し（右側）、「移動/回転」を選択して、「ダイアログ」を表示してください。

ここから右の立方体を、左の立方体の向きに合わせて移動する操作を行ないます。

ダイアログ右端の「座標軸マーク」にマウスカーソルを重ねると、次の図のように「方向再設定を開始」と表示されます。

この「座標軸マーク」をクリックすると、「移動/回転」で移動するための座標軸を「どこに合わせるか」の入力モードに入ります。

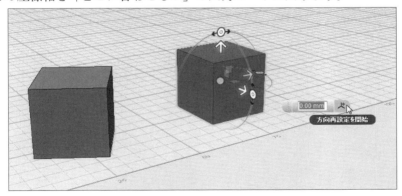

2つの立体を配置して「方向再設定を開始」を表示

第3章 「プリミティブ」で立体物を作る

　左の立方体の、斜めになっている「辺」もしくは「面」を「左クリック」で選択してください。
　すると、「移動/回転」で移動するための座標系が、左の立方体に合わせて、30度傾いた状態に再設定されます。

　再設定したら、ダイアログ上の「座標軸マーク」をもう一回クリックしてください（「方向再設定を停止」と表示されている部分）。
　右側の立方体が「緑の縁取り」で表示されます。

　この状態で、ガイドの矢印を左ドラッグしてみましょう。右側の立方体が斜めに移動します。
　注目したいのは、ガイドが表示されているほうの立方体ではなく、元の立体物が移動することです。

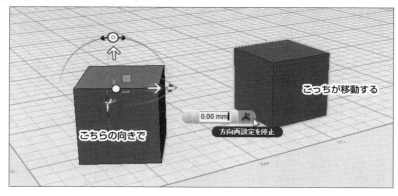

「方向再設定を停止」の表示

＊

　「編集エリア」の空いている部分を左クリックすると、移動の操作が確定します。

[3-6] 「トランスフォーム」による変形

ドリル

プリミティブを配置して、「移動/回転」「スケール」の操作を行なってみましょう。

①ボックス、円柱を1個ずつ配置。
②ボックスを選択して、「移動/回転」で15度回転。
③「トランスフォーム」「移動/回転」で円柱を選んで、「方向再設定を開始」をクリック。
④ボックスの斜めになった辺をクリック。
⑤円柱の上に表示されている「方向再設定を停止」をクリック。
⑥ガイドを左ドラッグして、円柱を移動。

※他の立体物の向きに合わせて移動する方法（方向再設定）は、第4章の「スケッチ」と組み合わせると、応用範囲がとても広がります。

■位置合わせ(Align)

「位置合わせ」は、選択した複数の立体を、同じ線を基準に揃える機能です。

「位置合わせ」のメニュー

複数の立体を選択して、「位置合わせ」をクリックすると、「黒丸と線」のガイドが表示されます。

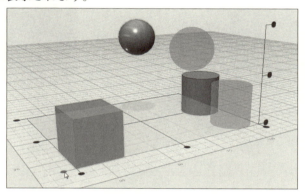

「位置合わせ」のガイド表示

このガイドの「黒丸」部分をクリックすると、その「黒丸」の線に合わせて、各立体の位置が揃えられます。

■スマート・スケール(Smart Scale)

「スマート・スケール」は、複数の立体について、その立体を覆う直方体の空間のサイズを計測する機能です。
また、その空間をまるごと拡大縮小することもできます。

[3-6] 「トランスフォーム」による変形

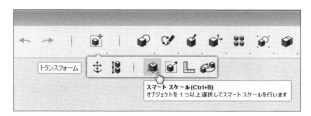

「スマート・スケール」のメニュー

　複数の立体を選択して「スマート・スケール」をクリックすると、それらの立体を覆う「仮想の直方体」を表示します。
　その直方体の全体のサイズを、マウスの左ドラッグや数値入力による指定で変更すると、内部の立体はそれに合わせて変形します。

　「スマート・スケール」では、「仮想の直方体」のX軸、Y軸、Z軸を、別々に調整できます。

　また、その際に内部の1個1個の立体は、「スケール」で「不均一」を指定してサイズを変更したときと同じように、縮尺がそれぞれの軸ごとに別々に変更されます。
(たとえば、「球」を含む複数の立体を選択して「スマート・スケール」でサイズを変えると、その「球」は、ラグビーボールのように伸びたり、つぶれたりした形状になります)。

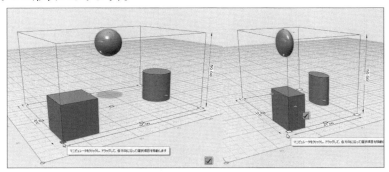

「スマート・スケール」の適用前(左)と適用後(右)

*

利用にあたり、ひとつ注意が必要な点があります。

マウスの左ドラッグでサイズ調整を行なうと、その操作の過程が操作履歴に残ってしまいます。
その結果、「やり直し」の操作を行なった場合、その操作過程が延々と「やり直し」されることになります（1回の「やり直し」だけでは元に戻せません）。

このため、「スマート・スケール」は、極力、数値入力によるサイズ指定を使うようにしてください。

■ルーラー（Ruler）

「ルーラー」は、2つの立体間のX軸、Y軸、Z軸、各方向の距離を測る機能です。
　また、立体間の相対距離を数値指定して、立体を移動することもできます。

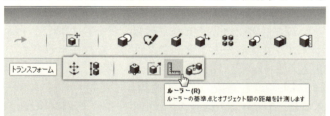

「ルーラー」のメニュー

「ルーラー」をクリックしてから、続けて2つの立体をクリックすると、その2つの立体のX軸、Y軸、Z軸に沿った距離を表示します。

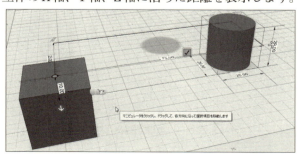

「ルーラー」で距離を表示

[3-6] 「トランスフォーム」による変形

　1個目にクリックした立体側は、「頂点」や「辺の中点」などが選択されます。

　2個目にクリックした立体は、デフォルトでは「最小距離」が適用されます。
　この2個目までの距離は、ドロップダウンから「中点」「最大距離」を選択できます。

＊

　「ルーラー」は、に距離を表示するだけではなく、値を変更することもできます。
　「矢印マーク」を左ドラッグするか、表示されている「距離」の数値をクリックして数値を変更すると、立体間の距離を変更できます。
　その際、1個目に選択した立体は固定され、2個目の立体側が移動します。
　（左ドラッグの場合、「スマート・スケール」のように、移動過程の履歴が残るため、「やり直し」に支障があります。極力、直接数値入力してください）。

　また、2個目に選択した立体のサイズを、数値指定で変更することもできます（「スマート・スケール」のように、数値指定でサイズを変更可能）。

　なお、「球」や「円柱」のような立体の場合、その立体を取り囲む「仮想の直方体」が表示されて、その直方体との距離として操作を行ないます。

■スマート回転(Smart Rotate)

　「スマート回転」は、ある立体の「面の中点」を中心にして、「別の立体を回転」する機能です。

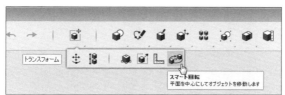

「スマート回転」のメニュー

　「移動/回転」の「方向再設定」機能でも、同じように「回転軸」と「回

第3章 「プリミティブ」で立体物を作る

転する立体」を別々に指定して回転することはできますが、回転操作だけなら、こちらのほうが簡単です。

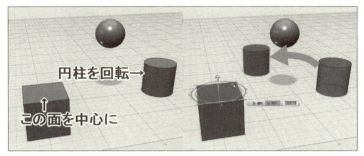

「スマート回転」で、「ボックスの上面」を中点にして円柱を回転

「スマート回転」は、ボックスの「面」などの、回転の中心とする面を（一時的にでも）用意すればいいので、「移動/回転」の「方向再設定」を使って回転するのと比べて、簡単で直感的に回転移動の操作ができます。

ドリル

プリミティブを配置して、「位置合わせ」「スマート・スケール」「ルーラー」「スマート回転」を行なってみましょう。

①ボックス、円柱を1個ずつ配置。
②ボックスと円柱の両方を選択。
③「トランスフォーム」→「位置合わせ」をクリック。
④「黒丸のハンドル」をクリックして、2個の立体を1列に並べる。
⑤球を1個配置して、3つの立体を選択。
⑥「トランスフォーム」→「スマート・スケール」をクリック。
⑦寸法の数値をクリックして、テキストボックスに値を入力。
⑧「トランスフォーム」→「ルーラー」をクリック。
⑨ボックスと球を順にクリック。
⑩寸法の数値をクリックして、テキストボックスに値を入力。
⑪「トランスフォーム」→「スマート回転」をクリック。
⑫「選択」のモードで「ボックスの上面」をクリック。
⑬「ボディー」のモードで「球」をクリック。

[3-7] 「押し出し」による変形

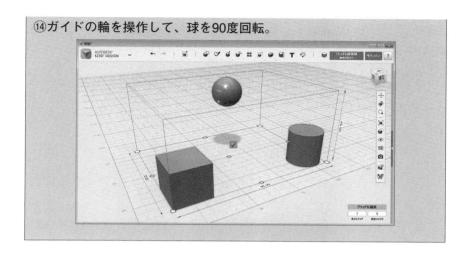

⑭ガイドの輪を操作して、球を90度回転。

3-7　「押し出し」による変形

「トランスフォーム」の「スケール」では、比率を指定して変形を行ないましたが、「押し出し」（Extrude）では、立体物の平面を押し出したり、押し込んだりすることで変形を行ないます。

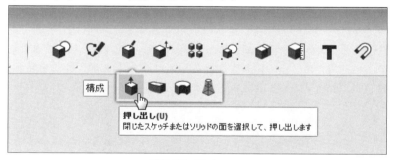

「押し出し」のメニュー

■「押し出し」の操作

「押し出し」を行なうには、「メイン・ツールバー」から「構成」→「押し出し」と選択して、立体物の「平面部分」をクリックします。

※「押し出し」が使えるのは「平面」部分だけです。「円柱」の曲面部分や、「球」などでは利用できません。

第3章 「プリミティブ」で立体物を作る

押し出しする「平面」をマウスで選択すると、「矢印マーク」が表示されます。この矢印を「左ドラッグ」することで、その面の「押し出し」や「押し込み」の操作ができます。

「移動/回転」の移動と同様に、「長さスナップ」で指定した単位のところでスナップが効きます。

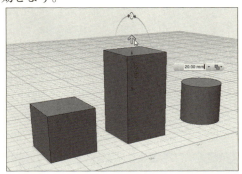

「押し出し」で、立方体の上面を20mm伸ばした様子

■「テーパー角」の指定

「押し出し」で押し出し（押し込み）の操作を行なうと、その後に「輪」のマークが表示されます。

この輪のマークをドラッグして「角度」を指定すると、押し出し（押し込み）の領域に、「先太り」や「先細り」（テーパー角）をつけることができます。

「テーパー角」に「正の値」をつけると広がり、「負の値」をつけると尖った形になります。

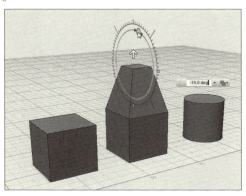

「押し出し」での「テーパー角」の指定

[3-7] 「押し出し」による変形

■生成方法の指定

「ダイアログ」の右端をクリックすると、生成方法として「マージ」「切除」「交差」「新規ソリッド」という4つのプルダウンが表示されます。

それぞれ、「押し出し」の操作で押し出される立体を、「元の立体にくっ付ける（足し算）」「元の立体から削りとる（引き算）」「共通部分だけ抜き出す」「新しく別の立体にする」という意味です。

「押し出し」や、後述の「スイープ」「回転」などを行なうときに、新たに生成される立体が元の立体に食い込んでいない場合は「マージ」が選択、食い込んでいる場合は「切除」が自動で選択されます。

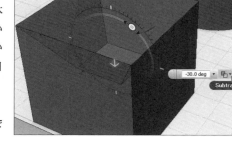

「押し出し」の押し込みで「切除」が自動で選択

4つの生成方法から選択して、「Enter」キーか、「編集エリア」の空きエリアをクリックで確定します。

ドリル

プリミティブを配置して、「押し出し」を行なってみましょう。

①円柱を配置。
②「メイン・ツールバー」の「構成」から、「押し出し」を選択。
③円柱の上面をクリック。
④「矢印マーク」を左ドラッグで上に15mm移動（押し出し）。
⑤「輪」の形のガイドを左ドラッグして、「テーパー角」に「-15度」を指定。

第3章 「プリミティブ」で立体物を作る

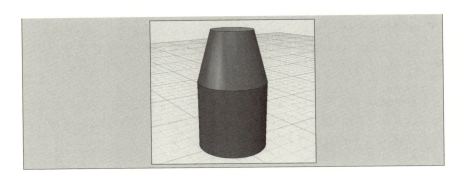

3-8 「プレス/プル」による変形

「プレス/プル」(Press/Pull) は、「押し出し」と似た機能で、「面」を押し出したり押し込んだりという加工を行ないます。

「プレス/プル」を行なうには、「メイン・ツールバー」から「修正」→「プレス/プル」を選択します。

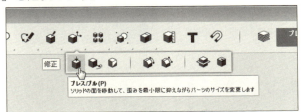

「プレス/プル」のメニュー

■「押し出し」との違い

「押し出し」と異なる点のひとつは、「周囲の面との関係性」です。

「押し出し」では、押し出したり押し込んだりするときの断面が常に同じ形が保たれますが、「プレス/プル」では、断面の形状が、周囲の面と連動して変化します。

たとえば、次の図のように、中央の鉛筆型のような形状を上に押し出した場合、「押し出し」(左側) が、同じ太さの円柱になるのに対し、「プレス/プル」(右側) では、周囲の斜めの面に合わせて、断面が連動して変化します。

[3-8] 「プレス/プル」による変形

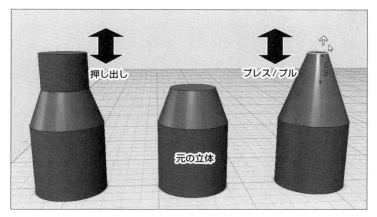

「プレス/プル」と「押し出し」の違い

一方、「プレス/プル」では「テーパー角」の指定はできません（自動）。また、「マージ」「切除」「交差」「新規ソリッド」の選択もできません。

*

「押し出し」ともうひとつ異なる点は、「曲面」に対する操作ができることです。

「円柱」や「球」の曲面に「プレス/プル」を適用すると、これらの直径を変化させることができます。

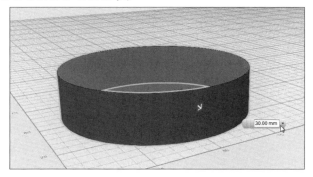

「プレス/プル」で円柱の直径を変更

第3章 「プリミティブ」で立体物を作る

ドリル

プリミティブを配置して「プレス/プル」を行なってみましょう。

① 「押し出し」の「ドリル」で作った立体物（円筒を伸ばした鉛筆型）を作る。
② 「メイン・ツールバー」の「修正」から「プレス/プル」を選択。
③ 鉛筆型の上面をクリック。
④ 「矢印マーク」を左ドラッグで上に10mm移動して、鉛筆型の先端を伸ばす。

3-9 「ツイーク」による変形

「ツイーク」(Tweak：微調整)は、「押し出し」や「プレス/プル」のように、立体の一部をつまんで変形させる機能です。

■「ツイーク」の操作

「メイン・ツールバー」から、「修正」→「ツイーク」と操作します。

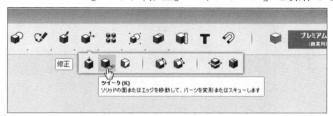

「ツイーク」のメニュー

「ツイーク」では、平面をつまんで、その面を引っ張り出したり押し込んだりするだけでなく、横方向に動かすことで立体全体を歪ませたり、面を傾斜させたりすることができます。

また、「平面」だけでなく、「辺」や「点」をつまんで移動することで、立体を変形させることができます。

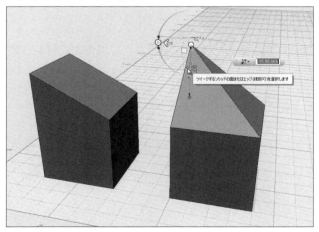

「辺」(左側)や、「頂点」(右側)に対して操作した例

第3章 「プリミティブ」で立体物を作る

「ツイーク」では、「面」「辺」「点」をつまんで動かすと、その周囲にある「平面」にも変形の影響が及ぶことが、大きな特徴と言えます。

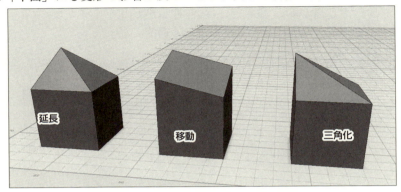

「ツイーク」で頂点を移動した場合の周囲への影響

■「頂点」と「辺」に「ツイーク」を適用した場合の違い

「頂点」に「Tweak」を適用する際、ダイアログの左のアイコンをクリックすると、「延長(Extend)」「移動(Move)」「三角化(Triangulate)」というドロップダウンが表示されます。

「延長」と「三角化」は、周囲の点には影響を及ぼさず、操作した「点」だけを動かし、状況に応じて周囲の面を分割し、新たな「辺」が補完されます。

「移動」は、周囲の面が分割されないように頂点の位置が移動します。

*

一方、「辺」について、「ツイーク」を使って回転した場合、「延長」と「三角化」では、周囲の頂点への影響が少し異なります。

「三角化」は周囲の点に影響しないように「辺」を追加して「面」を分割しますが、「延長」は周囲の「一部の点」も一緒に回転します。

[3-9] 「ツイーク」による変形

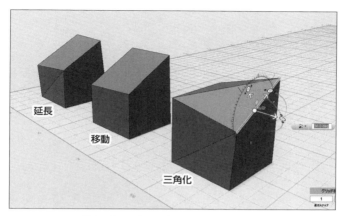

辺を回転した場合の「延長」「移動」「三角化」

　少しクセのある機能なので、まずは操作に慣れて、結果が予測できるようにしておくといいでしょう。
　「頂点」「辺」「面」をつまんで、移動したり回転したり、「延長」「移動」「三角化」を切り替えてみてどのような効果になるか、いろいろと試してみてください。

ドリル

プリミティブを配置して、「ツイーク」を行なってみましょう。

①立方体を配置して、「押し出し」で上部を10mm伸ばし、15度広げる。
②「ツイーク」で、上面を選択して、上に10mm伸ばす。
③「ツイーク」で、上面を選択して、45度傾ける。
④「Esc」キーでいったん取り消してから、「ツイーク」で、4本ある上辺のうち1本を選択して、任意の方向に動かす。
⑤「Esc」キーでいったん取り消してから、上面の4つの頂点のうち1つを選択して、任意の方向に動かす。
⑥これらの「辺」や「点」の操作と、「延長」「移動」「三角化」を組み合わせて操作。

第3章 「プリミティブ」で立体物を作る

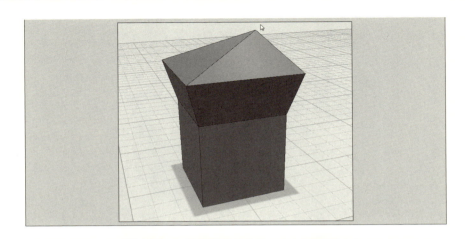

3-10　「スイープ」による造形

　「スイープ」（Sweep：掃き出し）は、立体物上の「ある平面」を立体物の「辺」に従って移動させたときの「軌跡」（掃き出されたあと）を、新たな立体物とすることができます（円柱や球などの「曲面」の軌跡は作ることはできません）。

「スイープ」のメニュー

■「スイープ」の操作

　円柱の「円」の部分を、斜めに掃き出した立体を作ってみます。

＊

　立方体を60度傾けて配置し、その横に円柱を配置して「構成」→「スイープ」とクリックすると、ダイアログに「プロファイル」「パス」と表示されます。

[3-10] 「スイープ」による造形

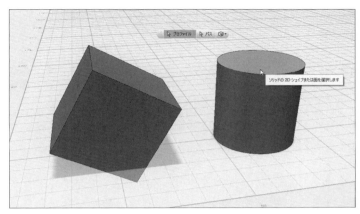

「スイープ」の操作例①(ダイアログ表示)

ダイアログの「プロファイル」があらかじめ選択されているので、円柱の上面をクリックします。

続いて「パス」をクリックしてから、立方体の「斜めの辺」をクリックします。
すると、「斜めの辺」と同じ向きに、赤く透き通った「斜めにズレた円筒形」が表示されます。

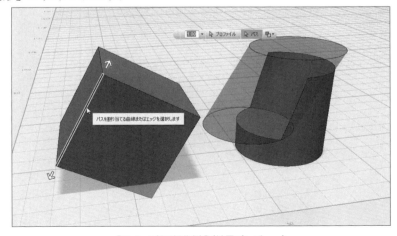

「スイープ」の操作例②(結果プレビュー)

第3章 「プリミティブ」で立体物を作る

「スイープ」を使うと、このように、「断面」と「道筋[※]」を基に、立体を掃き出します。

> ※「スイープ」の「断面」「道筋」や、後述する「回転」の「中心軸」、「ロフト」の「外枠の形」には、プリミティブの「辺」や「面」だけではなく、後述する「スケッチ」機能の「線」や「面」も利用できます。
> 特に、「スイープ」や「ロフト」に「ポリライン」(折線)や「スプライン」(曲線)といった「直線以外の線」を利用すると、複雑な立体物を作ることができます。

「ダイアログ」右端のアイコンをクリックすると、生成方法として「マージ」「切除」「交差」「新規ソリッド」という4つのプルダウンが表示されます。これらは「押し出し」と同様です。

ドリル

プリミティブを配置して、「スイープ」を行なってみましょう。

①ボックスを並べて2つ配置。
②片方を「移動/回転」で45度傾ける。
③「構成」→「スイープ」と選択し、斜めになっている上面をクリック。
④ダイアログの「パス」を選択して、傾けていないほうの立方体の縦の辺をクリック。
⑤ダイアログの右端で「切除」を選んで、確定。

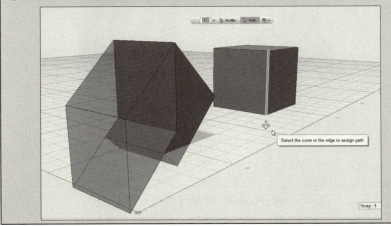

3-11　「回転」による造形

「回転」(Revolve) を使うと、立体物上の「平面」を「回転させた軌跡」から、新たな立体物 (回転体) を作ることができます (円柱や球などの「曲面」から軌跡を作ることはできません)。

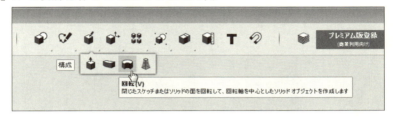

「回転」のメニュー

■「回転」の操作

立方体を2つ、少し離して横に配置して、「構成」→「回転」とクリックします。すると、ダイアログに「プロファイル (Profile)」「軸 (Axis)」が表示されます。

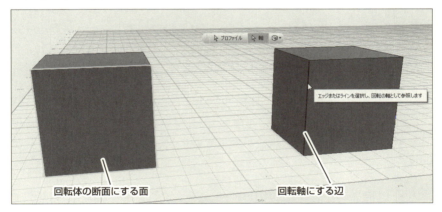

「回転」の操作例①(回転体の元となるもの)

「プロファイル」が選択されているので、その状態で片方の立方体側面 (図の左側の立方体の手前側面) をクリックします。

続いて「軸」をクリックしてから、もう一方の立方体の「縦の辺」をク

リックすると、選択した側面が回転体の「断面」に、縦の辺が「回転の軸」となります。

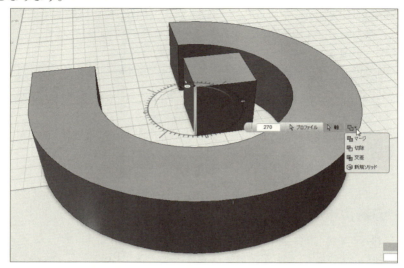

「回転」の操作例②（270度の回転体）

　回転軸の周囲に角度指定の「ガイド」が表示されて、マウスで左ドラッグすると回転体が作られます。
　5度ごとにスナップ位置があり、ダイアログに直接数値を入力して指定することも可能です。

＊

　「ダイアログ」右端をクリックすると、「マージ」「切除」「交差」「新規ソリッド」という4つの選択肢が表示されます。これらは「押し出し」と同様です。

　なお、「断面」にあたる「面」は、一度に複数個指定できます。

[3-11] 「回転」による造形

ドリル

「回転」を使って、「トーラス」を作ってみましょう。

①立方体と円柱を1個ずつ、横に並べて配置。
②円柱を「移動/回転/回転」で90度傾ける。
③「構成」→「回転」と選択して、円柱の円形の面をクリック。
④ダイアログの「軸」を選択して、立方体の縦の辺をクリック。
⑤回転軸のガイドを左ドラッグ。
⑥ダイアログに、角度を「360度」、「新規ソリッド」を指定して確定。
⑦作成に使った立方体と円柱を消去（選択して「Del」キー）。

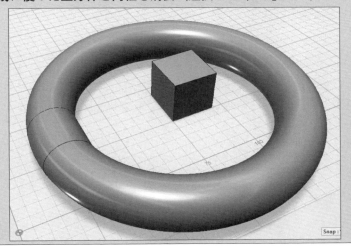

3-12 「ロフト」による造形

「ロフト」(Loft)を使うと、いくつかの「平面」をつなぎ合わせた立体物を作ることができます（円柱や球などの「曲面」から作ることはできません）。

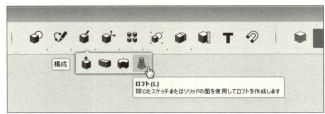

「ロフト」のメニュー

■「ロフト」の操作

一辺が20mmの立方体（ボックス）を2つと、その中間に長さ40mmの直方体（ボックス）を1個を配置して、直方体を画面左上に20mmズラして配置したのが次の図です。

「構成」→「ロフト」とクリックすると、ダイアログが表示されます。

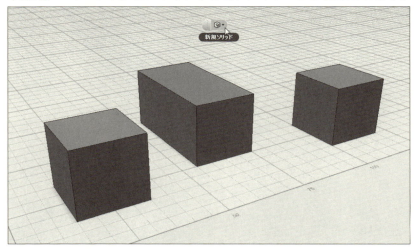

「ロフト」の操作例①

左と中央の立体のそれぞれの「左側面」を順に選択（左クリック）して

[3-12] 「ロフト」による造形

ください。2つの面をつないだ赤色表示の立体が現われます。

ダイアログから「新規ソリッド」を選択して確定すると、2つの面をつないだ立体が出来上がります。

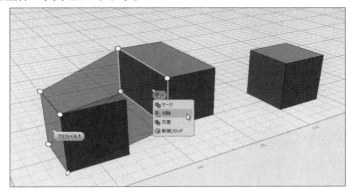

「ロフト」の操作例②

■複数の面をつなぐ

各立体から、3つ以上の面を選択して緩やかな線（面）でつなぐこともできます。

このような複数の面を選択する操作では、あらかじめ「ロフト」でつなぐ各立体上の「面」をすべて選択しておいてから、「ロフト」メニューを適用する、という手順が必要です。

立体の「特定の面」を選択するには、「立体物を選択」→「マウスカーソルをいったん立体物から離す」→「改めてマウスカーソルを目的の面に移動してクリック」という操作を行ないます。

複数の面を選択する場合は、「Ctrl」キーを押しながら、必要な「面」の数だけこの操作を行ないます。

つなぎ合わせたい「面」をすべて選択したら、「ロフト」を選んで、ダイアログで「新規ソリッド」を指定すると、選択したすべての面を滑らかな曲線（曲面）でつないだ立体が出来上がります。

> ※立体物の「特定の面」を選択するには、別の方法もあります。詳しくは**附録**を参照してください。

第3章　「プリミティブ」で立体物を作る

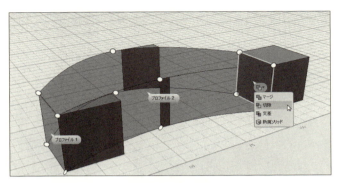

「ロフト」の操作例③

■面の形状は気にしなくてよい

つなぎ合わせる各面は、平行になっている必要はありません。

各面に角度がついている場合も、それらを滑らかにつないだ立体を生成します。

また、使う「面」の断面は、同じ形でなくてもかまいません。

たとえば、「四角形」や「円形」などを混ぜても、それらを滑らかな曲面でつないだ立体にできます。

また、つなぎ合わせている面に表示されている「白い点」を操作すると、つなぎ方に「回転」を加えることができます。

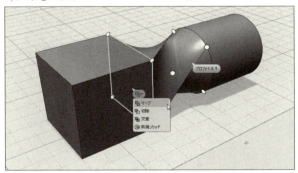

「ロフト」で、四角と円の面を回転してつないだ例

※つなぎ合わせる「面」に、後述の「スケッチ」を利用すれば、さらに複雑な立体を作ることもできます。

[3-12] 「ロフト」による造形

ドリル

「ロフト」を使って、「四角形と円形をつないだ立体」を作ってみましょう。

①ボックス2個と、その中間に円柱を1個、並べて配置。
②円柱を「移動/回転」で90度傾ける。
③左側のボックスを左クリックしてから、カーソルを遠ざける。
④改めてカーソルを選択したい面に近づけて、左クリック。
⑤「Ctrl」キーを押しながら、円柱、右のボックスの側面も同様に選択。
⑥「構成」→「ロフト」と選択。
⑦ダイアログで「新規ソリッド」を選択して確定。
⑧ボックスと円柱を消去（選択して「Del」キー）。

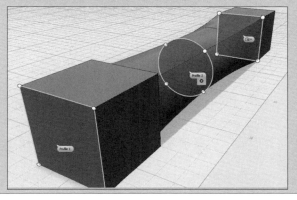

第3章 「プリミティブ」で立体物を作る

3-13　「フィレット」と「面取り」

「フィレット（Fillet）」「面取り（Chamfer）」を使うと、立体物の辺に「辺や角を丸める」加工をしたり、「面取り」ができます。

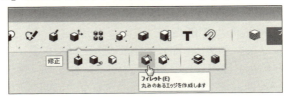

「フィレット」と「面取り」のメニュー

■「フィレット」の操作

ボックスと円柱を1個ずつ配置して、「フィレット」と「面取り」をしてみます。

「修正」→「フィレット」とクリックし、立方体の一辺をクリックすると、辺を押し込んで丸めるガイドの矢印が現われます。
このガイドをマウスでドラッグするか、ダイアログに数値を入力すると、辺を丸めることができます。
(マウスドラッグの場合、「長さスナップ」で指定した半分の量でスナップされます)。

「フィレット」の操作例①

さらに、左上の辺も丸めてみましょう。

[3-13] 「フィレット」と「面取り」

「接面チェーン」(Tangent Chain)にチェックが入っている場合、操作した辺に、直線や曲線で滑らかにつながっている「一連の辺」についても、一緒に「丸め加工」が行なわれます。

「フィレット」の操作例②(接面チェーンがオンの場合)

ダイアログの、「接面チェーン」のチェックボックスを非選択にすると、先ほどとは異なり、操作した直線だけが「丸め加工」されます。

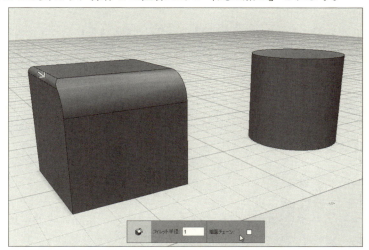

「フィレット」の操作例③(接面チェーンがオフの場合)

第3章 「プリミティブ」で立体物を作る

■「面取り」の操作

「修正」→「面取り」とクリックし、円柱の上面の「円周」をクリックすると、「面取り」するためのガイドが現われます。

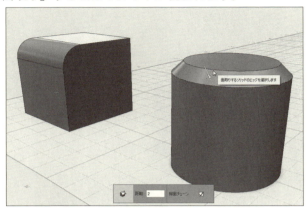

「面取り」の操作例

このガイドをマウスでドラッグするか、ダイアログに数値を入力すると、「面取り」ができます。

> ※「フィレット」や「面取り」は、押し込むだけではなく、引っ張り出す形で「丸め」や「面取り」を行なうこともできます。
> これについては、後述の「グループ化」「結合」のところで、改めて触れます。

ドリル

「フィレット」「面取り」を使って、立方体に「丸め加工」「面取り」をしてみましょう。

① ボックスを1個配置。
②「修正」→「フィレット」と選択。
③ 立方体の上面4辺を順に、「フィレット」(半径=3mm)で丸める（これらの操作で、下面の4辺は曲面で1本の輪につながる）。
④「修正」→「面取り」と選択。
⑤ 下面の辺を、「面取り」(面取り=3mm)で面取りする。

[3-14] 「シェル」によるくり抜き

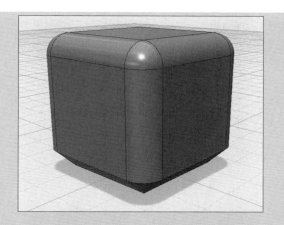

※丸めや面取りの量をあまり多くすると、造形できない形状になって、エラーになります。たとえば、このドリルの場合、下面の「面取り」を3mm以上で行なうことはできません。
　エラーになる場合は、「長さスナップ」の設定値を小さくしたり、丸めや面取りの量をダイアログで小さい値を設定してください。

3-14　「シェル」によるくり抜き

「シェル」(Shell) を使うと、立体物の内部をくり抜いて、「容器」や「箱」のような形にすることができます（その際、外側に肉厚を盛ることもできます）。

「シェル」のメニュー

■「シェル」の操作

立方体を配置して、「修正」→「シェル」を選び、立方体の上面を選択します。

ダイアログに、「内側の厚さ (Thickness)」「接面チェーン (Tangent

第3章 「プリミティブ」で立体物を作る

Chain)」「方向（Direction）」という入力項目が表示されるので、「内側の厚さ」に「1mm」を指定して、確定します。

これで、肉厚が1mmの「枡」のような形が出来上がります。

「シェル」は、このように「指定した面」から掘り込んでいって、一定の肉厚でくり抜く加工を行ないます。

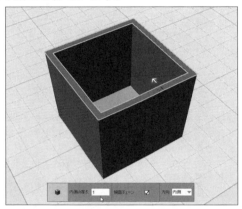

「シェル」の操作例①（枡）

*

この場合の内側の厚さは、容器にあたる部分の肉厚です。

「方向」には「内側（Inside）」「外側（Outside）」「両側（Both）」を選択できます。
「内側」を選ぶと、外寸は変わらず、内側に空間部分を作ります。
「外側」を選ぶと、元の立体を覆うような容器状の立体が作れて、「両側」を選ぶとそれらを合わせた立体になります。

なお、厚みは「内側」「外側」のそれぞれを独立して指定できます。

■複雑な立体も、くり抜きできる

くり抜きを行なう元の立体は、「ボックス（立方体や直方体）」「円柱」のような単純なものに限らず、複雑な形状に対して使うことも可能です。
例として、「フィレット」や「面取り」で加工した円柱に、「シェル」を

適用してみます。

　上面の円周に「フィレット」を、下面に「面取り」を適用した円柱の上面に「シェル」を行なうと、次の図のようになります（右側は、内部が分かりやすいように、一部をカット加工したもの）。

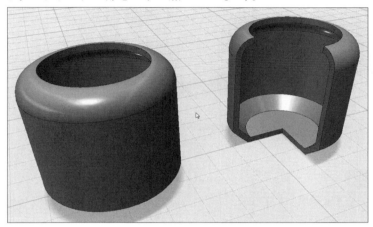

「シェル」の操作例②（複雑な立体に「シェル」を適用）

　なお、この例で「上面」と「シェルで加工した曲面」は、滑らかに接しています。

　このような場合、「接面チェーン」のチェックを付けたまま「シェル」を適用すると、「上面」と「フィレットでできた曲面」および「側面」の3つの面は、連続した「1つの面」として扱われてしまうので、「接面チェーン」のチェックを外して適用します。
（チェックを外さないとどのようになるか、実際に試してみてください）。

■複数の面を指定する

　くり抜きを行なう面を複数指定することもできます。

　たとえば、円柱の上面と下面を選択して「シェル」を使うと、「ちくわ」のような筒状の立体が作れます（複数の面を選択する方法は、付録Aを参照してください）。

第3章 「プリミティブ」で立体物を作る

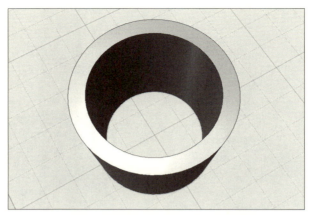

「シェル」の操作例③(「ちくわ」のような立体)

ドリル

「シェル」を使って、コップのような立体を作ってみましょう。

①円柱を1個配置。
②円柱の下面側を、「構成」→「押し出し」から、「-15度」の先細りの形状で、10mm下側に引き出す。
③「修正」→「シェル」を選択し、「内側の厚さ」に「1mm」を指定して、円柱の上面をクリック。
④右ドラッグで回転して、出来上がった立体をいろいろな方向から眺める。

3-15 「パターン」と「ミラー」

■「パターン」で立体を整列する

「パターン」(Pattern) や「ミラー」(Mirror) を使うと、同じ立体を規則的な配置で複製したり、鏡面で映したように複製できます。

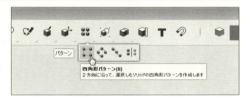

「パターン」のメニュー

「パターン」には、「四角形 (矩形)」「円形」「パス (道筋) に沿う」といった並べ方があります。

1つの立体を複製するには、その立体を選択して、「Ctrl＋C」→「Ctrl＋V」(いわゆるコピー＆ペーストの動作) で複製できます。
たくさんの立体を一度に、規則正しく整列した状態で複製する場合、特にこの「パターン」機能が便利です。

■「四角形パターン」の操作

まず、四角形 (矩形) に並べる例を見てみましょう。

「ボックス」と「円柱」を並べて配置してください。
「円柱」を、「ボックス」の辺の向きに沿って整列させます。

「パターン」の操作例①（配置直後）

第3章 「プリミティブ」で立体物を作る

「パターン」→「四角形パターン」を選ぶと、「ソリッド」と「方向」を選ぶダイアログが表示されます。

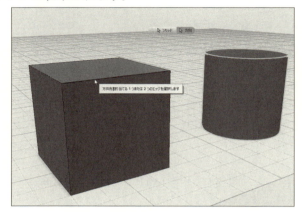

立体物と、「四角形パターン」のダイアログ

ダイアログの「ソリッド」が選択されているので、この状態で円柱を選択します。
選択する際は、左ドラッグで円柱全体を覆うようにします（クリックだけだと、面が選択されてしまいます）。

ダイアログの「方向」をクリックしてから、立方体の手前上側の辺を選択します。
すると円柱のところに、その辺と同一の方向の矢印と、直交する矢印が表示されます（どの辺を選択するかによって、表示される2つの矢印の向きが変わります）。

片方の矢印をドラッグしてみてください。その方向に、等間隔で3つの円柱がコピーされます。

＊

並べる立体の数は、ダイアログの「数量」で指定できます。
また、幅はダイアログの「距離」で指定できます（マウス操作の場合、「長さスナップ」で指定した位置でスナップが効きます）。

※通常は、「ミラー平面」には「スケッチ」で描いた平面を使うことが一般的です。

[3-15] 「パターン」と「ミラー」

「パターン」の操作例②（右方向に複製中）

＊

　もうひとつの矢印をドラッグしてみましょう。先ほどの3つの円柱が、ドラッグした方向にさらに3列になって複製されます（9個の円柱ができる）。

　試しに「数量」に「4」を指定すると4列複製されて、12個の円柱が出来上がります。

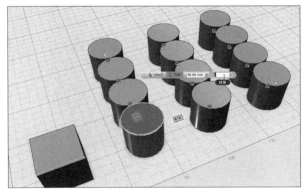

「パターン」の操作例③（12個に複製）

＊

　また、複製された各立体ごとに、チェックボックスが表示されます。
　このチェックをつけたり外したりすることで、個別に生成と非生成を切り替えることができます。

第3章 「プリミティブ」で立体物を作る

■「円形パターン」の操作

「円形パターン」の場合も基本的な考え方は同じですが、複製するときの並び方が、「円周状」になります。

*

次の図の例は、「ソリッド」に円柱を、「軸」にボックスの1つの辺を指定し、「数」に「7」を指定して、7個の複製を円周状にコピーしたものです。

ダイアログ右端に、「フル」と「角度」の切り替えがあります。
「フル」にすると、「数量」で指定した数の立体を360度の範囲に等間隔で配置し、「角度」にすると、指定した角度の範囲内で等間隔に配置します。

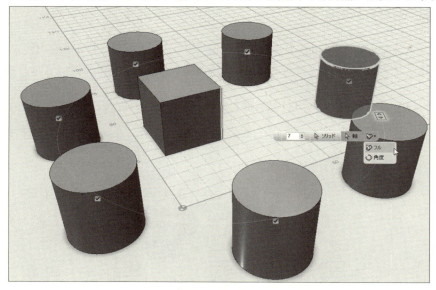

「円形パターン」の例

なお、「パス・パターン」は、後述する「スケッチ」を利用したほうが応用が効くので、後ほど改めて触れます。

[3-15] 「パターン」と「ミラー」

ドリル

「パターン」を使って、円錐を円形に並べてみましょう。

① 円錐とボックスを1個ずつ、並べて配置。
② 「パターン」→「円形パターン」を選択。
③ ダイアログの「ソリッド」が選択されているので、円錐全体を左ドラッグで選択。
④ ダイアログの「軸」を選択して、立方体の縦の辺1本をクリック。
⑤ ダイアログの「数」に「8」を指定。
⑥ ダイアログ右端のアイコンで「フル」から「角度」に切り替える。
⑦ 円周上に表示されている矢印マークをクリックすると、ダイアログに「角度」欄が表示されるので、「270度」を指定。

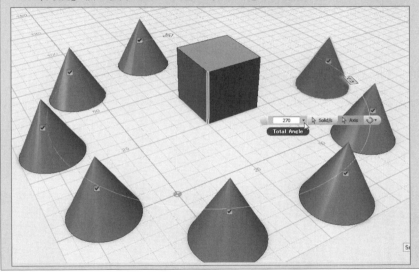

■ミラー

次に、「ミラー」の例を見てみましょう。

*

「立方体」と「円錐」を並べて配置して、次の図のように「円錐」を90度回転してください。

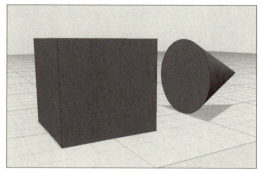

「ミラー」の操作例①

「パターン」→「ミラー」と選ぶと、ダイアログに「ソリッド」と「ミラー平面」が表示されます。

初期状態では「ソリッド」が選択されているので、「円錐」の全体を左ドラッグで選択してください(クリックだと、円錐の一部の面だけが選択されます)。

続いてダイアログの「ミラー平面」をクリックしてから、立方体の左側面をクリックしてください。

この面が「鏡面」になり、対称の位置に、円錐が(左右対称で)複写されます。

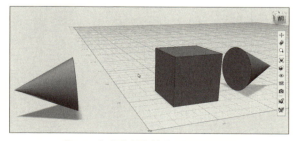

「ミラー」の操作例②(立体と鏡面を選択)

ドリル

「ミラー」を使って、円錐を反転コピーしてみましょう。

① 「円錐」を1個配置。
② 「パターン」→「ミラー」を選択。
③ ダイアログに「ソリッド」が指定されているので、円錐全体を左ドラッグで選択。
④ ダイアログの「ミラー平面」を選択して、円錐の下面をクリック。

3-16　「グループ化」と「結合」

「グループ化」(Grouping) や「結合」(Combine) を使うと、複数の立体を1つにまとめて扱うことができます。

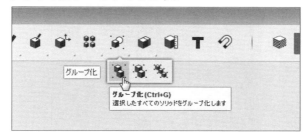

「グループ化」のメニュー

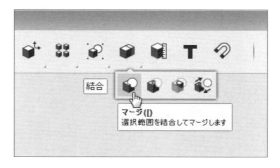

「結合」のメニュー

第3章 「プリミティブ」で立体物を作る

両者は「一体化する」という点で一見似ていますが、一体化された立体物の性格は異なり、「修正」などで加工を行なうと、異なった効果が現われます。その違いに着目して、解説していきます。

■グループ化

立方体を配置し、その上面に球を配置してください。

そして、この球を「移動/回転」で下方向に3mm押し下げます（立方体に球がめり込んだ状態になります）。

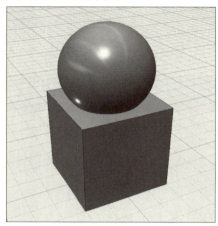

「グループ化」の操作例①

2つの立体の全体を、左ドラッグで選択します。
そして「グループ化」→「グループ化」と選ぶと、2つの立体が1つのかたまりにまとまります。

まとまった立体ををドラッグしたり、「移動/回転」で移動や回転を行なうと、一緒に移動したり、回転します。
(なお、「グループ化」する立体物は、くっついているものでも、離れているものでもかまいません)。

また、まとまった立体に「グループ化」→「グループ解除」もしくは「すべてグループ解除」を行なうと、別々の立体に分離します。

[3-16] 「グループ化」と「結合」

■「グループ化」の階層管理

　また、いくつかの「グループ化」した立体を、さらに複数個合わせて「グループ化」することもできます。

　「ロボット」を例に取ると、「胴体」や「頭」が上位階層にあり、そこに「腕」や「脚」が下位階層で付けられ、さらに「手」「足」「指」の下位階層のパーツが付いている、といったイメージです。

　このような場合、これらのグループ間のつながりは「階層」で管理されるので、「グループ解除」を行なった場合は、上位の「グループ化」から解かれていきます。

　また、複数の階層で作られた立体に対して「すべてグループ解除」を使うと、すべての「グループ化」が一度に解かれて、個々の立体に分離されます。

　このように、「グループ化」は「一体化」と「分離」が自由に行なえることがひとつの特徴になります。

■結合

　「ボックス」と「球」を、先ほどのように3mmほどめり込むように配置してください。

　「結合」をクリックすると、「マージ（Merge）」「切除（Substruct）」「交差（Intersect）」「分離（Separate）」の4つの結合方法を選ぶダイアログが表示されます。

　「マージ」をクリックすると、ダイアログに「ターゲット・ソリッド/メッシュ」（Target Solid/Mesh）と「ソース・ソリッド/メッシュ」（Source Solid/Mesh）が表示されます。

　「ターゲット」にボックスを、「ソース」に球を指定したら、ダイアログの右端のドロップダウン「マージ」「切除」「交差」「分離」から「マージ」を選んで、確定します。

　出来上がった立体を操作してみると、「グループ化」と同様に、1つの立体物のように、移動したり回転したりできることが分かります。

第3章 「プリミティブ」で立体物を作る

＊

　さらに、立方体と球の境目の部分に、「修正」→「フィレット」を適用してみます。

　「フィレット半径」に適当な値（次の図では「2mm」）を指定すると、境目だった部分を滑らかな曲面でつなぐことができます。

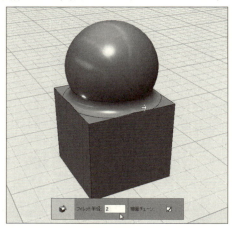

「結合」の操作例①（マージ後に「フィレット」を適用）

　「結合」は、「グループ化」と異なり、このように「完全に1つの立体」として一体化させる機能です。

　このため、「グループ解除」のように分離することはできなくなります。間違えて結合を行なった場合は、「元に戻す」で元に戻してください。

※なお、「分離（Separate）」機能は、「接触していない立体同士」が結合されている場合にだけ分離できます。上記のように、完全に結合した立体は分離できません。
　もともとこの機能は、「結合」機能で一体化した立体を分離するためのものではなく、「.STL」ファイルなど立体データを読み込む際、本来は別々の立体として作ったもの（複数の離れたパーツを含んだデータ）が、データの内部様式としては結合された状態になってしまっているときにそれらを分離し、個々の独立したパーツとして利用するために利用します。

＊

　「マージ」以外の機能も見てみましょう。いったん「元に戻す」で「フィレット」と「マージ」の操作を取り消してから、再度「結合」→「切除」を選びます。

[3-16] 「グループ化」と「結合」

　ダイアログが表示されたら、先ほどのように「ターゲット」に立方体を、と「ソース」に球を指定します。
　すると、ボックスから球の重なり部分を削り取ったような立体になります。

　「切除」は、「ターゲット」から「ソース」の立体が重なった部分を「引き算」する機能です。

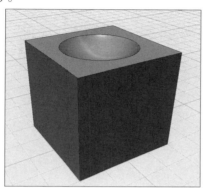

「結合」の操作例②(切除)

　再度、「切除」を「元に戻す」で取り消してから、「結合」→「交差」をクリックし、ダイアログで「ターゲット」にボックスを、「ソース」に球を指定してください。
　こんどは、ボックスと球の重複した部分だけを抜き出した立体になります。

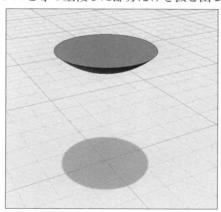

「結合」の操作例③(切除)

第3章 「プリミティブ」で立体物を作る

　このように、「交差」は、結合先と結合元の交差した部分を抜き出す機能です。

> ※「結合」の「ソース」側の立体は、「Ctrl」キーを使って、複数個を指定することも可能です。

ドリル

「結合」を使って、複雑な立体を作り出してみましょう。

①ボックスの上面と右側面にそれぞれ球を配置。
②2個の球をそれぞれ、ボックスの方向に「移動/回転」で3mm押し込む
③「結合」→「切除」を選択。
④ダイアログで、「ターゲット」にボックスを、「ソース」に上側の球を指定。
⑤境目だった部分（くり抜かれた円の縁）に、「フィレット」を適用（フィレット 半径＝2mm）。
⑥「結合」→「マージ」を選択。
⑦ダイアログで、「ターゲット」にボックスを、「ソース」に右側面の球を指定。
⑧ボックスと球の境目に「フィレット」を適用（フィレット 半径＝2mm）。

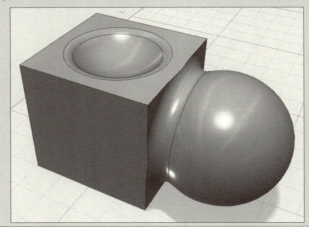

[3-17] スナップ

「スナップ」(Snap) を使うと、ある立体の指定した面を、別の立体の指定した面にくっつくように移動させることができます。

「スナップ」のメニュー

その際、「ナビゲーション・バー」の「スナップ中のグループをオン/オフ」を「オン」にしておくと、自動で「グループ化」が行なわれます(デフォルトで「オン」に設定)。

■「スナップ」の操作

それでは、立方体と円柱を「スナップ」でくっつけてみましょう。
1個ずつ並べて配置します。

「スナップ」の操作例①

「スナップ」をクリックしてから、「円柱の上面」→「立方体の手前側面」の順でクリックしてください。

第3章 「プリミティブ」で立体物を作る

するとクリックした面同士がくっつくように移動して、同時に「グループ化」が行なわれます。

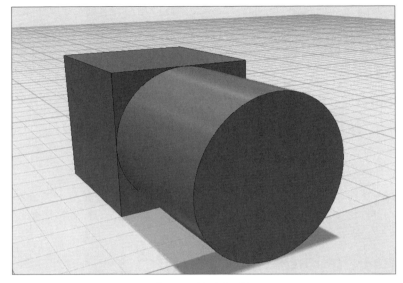

「スナップ」の操作例②

この際、お互いの面の中心同士が、吸い寄せられるようにくっつきます。
複雑な形状の面同士だと、吸い寄せられる位置をあらかじめ正確に予測しておくことが難しいですが、幾何学的な形状の面の場合は、「中心同士」と理解しておくと、使うときに便利だと思います。

2つの面同士がくっついた後、移動用の「白い矢印のガイド」と、回転用の「輪のハンドル」が表示されます。
「矢印」を操作すると、隙間を空けたり、少しめり込んだ形で「グループ化」することができ、「輪のハンドル」を操作すると、回転の向きを調整することが可能です。

なお、「スナップ」による「グループ化」は、「グループ解除」で分離もできます。

[3-17] スナップ

ドリル

「スナップ」を使って、立体同士をくっつけてみましょう。

① 円柱を配置。
② ボックス（長さ =20mm ×幅 =40mm ×高さ =20mm）を配置。
③ 球を配置。
④「スナップ」を選択。
⑤「円柱の上面」→ボックスの「手前側の面（長方形の面）」の順でクリック。
⑥「スナップ」を選択して、「球」→「円柱の曲面」の順でクリック。
⑦ くっついた立体物を、「移動/回転」で移動。

※「バージョン2.1」では、「スナップ」を使ったときの「グループ化」機能に不具合があるようです。
　たとえば、上記ドリルの手順で、「円柱の曲面」→「球」と、逆の順序にクリックした場合、直方体と円柱が一体のまま球にくっつかず、円柱だけが球にくっつきます（これについては、いずれ改善されると思われます）。

3-18 計測

「計測」(Measure)を使うと、「立体の体積」や、「面の面積」「辺や円弧の長さ」を測ったり、「辺や面の角度」を測ったり、「点、辺、面、立体の距離」を測ることができます。

「長さ」「距離」「角度」は造型するときに、「体積」は3Dプリンタで出力するときの重さや材料費などの目安に利用できます。

「計測」のメニュー

「計測」は、操作や表示内容が少々複雑です。

またシチュエーションによって必要な操作の内容や、表示される数値の内容が多岐にわたります。このため、操作にはある程度の「慣れ」が必要になります。

このセクションでは、慣れるのに必要な基本事項と操作方法について説明します。

■「長さ」「距離」「角度」を測る

まず、「長さ」「距離」「角度」について眺めてみます。

*

ボックス(長さ=20mm、幅=40mm、高さ=30mm)を2個配置して、片方(左側)を次の図のように30度回転しておきます。

[3-18] 計測

「計測」の操作例①(ボックスを2個配置)

「計測」をクリックすると、メジャーのダイアログが表示されます。
デフォルトでは、「選択タイプ」は「ソリッドの面/エッジ/頂点」が選択されています。
面や辺、頂点を選択して「面積」や「距離」などを測るときに、これを選択します。

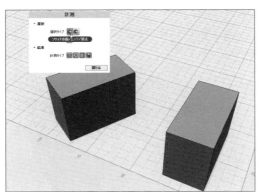

「計測」の操作例②(計測のダイアログ)

＊

ここで、手前の直方体の上辺をクリックしてください。
「結果」(Results)のところに「長さ1」(Length1)という欄が表示されて、そのボックス内に「長さ」が数値表示されます(この例では「40mm」)。
また、ボックスの右横には「コピー」アイコンがあり、クリックすると

計測の結果がクリップボードにコピーされます。

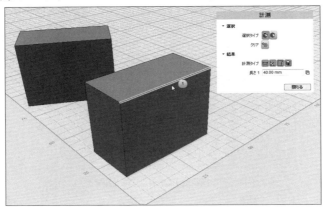

「計測」の操作例③(辺を選択したところ)

*

さらに、左の直方体の上の辺をクリックしてください。
「結果」に「距離(Distance)」「角度(Angle)」「長さ2(Length2)」の欄が追加されます。

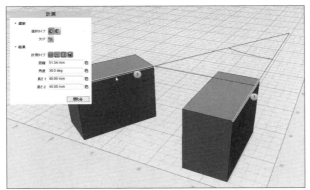

「計測」の操作例④(2つの辺を選択)

「距離」は、2つの辺の距離(いちばん接近しているところ)、「角度」は2辺の間の角度です。
「距離」や「角度」は、「面/辺/頂点」の組み合わせでも測ることもでき、1つの立体内の2辺の距離や角度などを測ることも可能です。

また、「選択」のところにある「クリア」アイコンで、選択されている線や面などを非選択に戻し、計測をやり直すことができます。

「結果」欄の「計測タイプ（Measure Types）」のアイコンは、左から「距離（Distance）」「角度（Angle）」「面積（Area）」「ボリューム（Volume：体積）」の意味です。
デフォルトではすべて表示対象（濃いグレー表示）で、クリックすると非表示（薄いグレー）に変えられます。
なお、「辺」の代わりに「面」を選択すると、「面積」と「ループの長さ」（Loop Length）が表示されます。また、複数の頂点を選択すると、頂点間の距離が表示されます。
複数の面を選択すると、面同士の「角度」（Angle）が表示されます。

■「面積」「体積」を測る

次に、立体の「表面積」と「体積」を測ってみます。

*

「クリア」アイコンでいったんクリアしてから、「選択タイプ」（Selection Types）の「ボディ」（Body）アイコンをクリックします。

この状態で、手前の直方体をクリックすると、ボックスが選択状態（青表示）になり、「結果」欄に「面積1（Area1）」「体積1（Volume1）」が表示されます。

さらにもうひとつのボックスも選択すると、「表面積」「体積」と、「2つの直方体の距離」が表示されます。

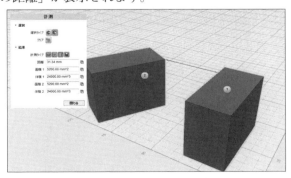

「計測」の操作例⑤（2つの立体を選択）

第3章 「プリミティブ」で立体物を作る

ドリル

「計測」を使って、長さや体積などを測ってみましょう。

① ボックスと円柱を並べて配置。
② 「計測」を選択して、ボックスをクリック。
③ 「結果」の「面積1」「ループの長さ1」の値を確認。
④ 円柱の側面をクリック。
⑤ 「結果」の「距離（立体同士の距離）」「角度（面同士の角度）」を確認。
⑥ 「クリア」をクリックしてから「選択タイプ」で「ボディ」を選択。
⑦ 円柱をクリックして、「面積1」と「体積1」を確認。

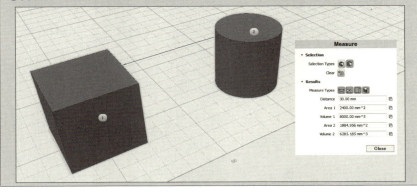

[3-19] マテリアル

3-19 マテリアル

「マテリアル」（Material）は、立体物の素材、質感、色を指定する機能です。

「金属素材」「木材」「ガラス」「プラスチック」などから素材を選択することができ、「編集エリア」の表示内容に反映されます。

「マテリアル」のメニュー

素材の指定は、立体ごとに行なうことができます。

また、「グループ化」を行なっても、合成前の各立体の素材は保持されますが、「結合」は素材も完全に一体化されます（「ターゲット・ソリッド」側の素材に統一）。

■「マテリアル」の操作

では、素材を指定してみましょう。

*

ボックスを配置して、左クリックで選択し、「マテリアル」をクリックすると、素材選択のダイアログが表示されます。

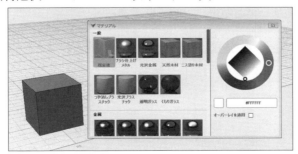

マテリアルの操作例①（ダイアログ表示）

第3章 「プリミティブ」で立体物を作る

　素材の中から「アルミニウム（Aluminium）」「銅（Copper）」「透明ガラス（Clear Glass）」「天然木材（Natural Wood)」などを選ぶと、ボックスの色やテクスチャ（表面の色や質感）が素材に合わせて変化します。

　ダイアログ右側には「色」の指定を行なうグラフがあり、「オーバーレイの適用」（Apply Overlay）にチェックを入れると、各素材の上に色を付けることができます。
　輪の部分は「色調」、中央の四角は「色の濃さや明るさ」を選択できます。

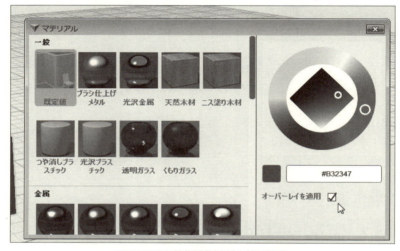

マテリアルの操作例②（素材と色を適用）

　ただし、「3Dプリンタ」や「CNCフライス」の出力に使う「STL形式」のファイルには、素材に関する情報は含まれないため、これらの機器では、素材の色情報は、出力結果に反映されません。

> ※「123D Design」専用の「123dx」形式ファイルと、このファイルに関連するアプリやサービスで、素材や色の情報がサポートされます。
> 　「.STL形式」などの各種ファイル形式については、**附録E**で触れます。

[3-19] マテリアル

ドリル

「マテリアル」を使って、立体の素材や色を変更してみましょう。

①ボックスを配置して、「マテリアル」を開く。
②ボックスを選択。
③素材一覧の中から、「光沢プラスチック」を選択。
④「オーバーレイを適用」にチェックを入れる。
⑤色選択、濃さ選択に、任意の色と濃さを指定。

第4章

「スケッチ」を使う

この章では、「スケッチ」関係の機能や操作方法と、「3D CAD」特有の考え方などについて触れていきます。

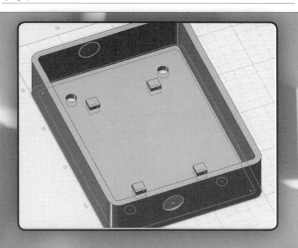

第4章 「スケッチ」を使う

4-1 「スケッチ」の描き方

■「スケッチ」とは

第3章では、立体物の生成や加工に「プリミティブ」を使っていました。

たとえば、「回転」で使う「断面」や「回転軸」、「ロフト」や「スイープ」で使う「断面」や「パス」といったものに、プリミティブの「面」や「辺」を利用していました。

しかし、ここで必要なのは「線」や「面」であって、プリミティブの他の部分はいりません。

「スケッチ」は、このような「回転軸」や「断面」などに使う図形(「線」や「面」)を、「独立したパーツ」として描く機能です。

*

「スケッチ」では、プリミティブに比べて操作が多少難しくなりますが、より複雑な「線」や「面」を描画することができます。

操作は多少難しくなりますが、特に「スケッチの再編集」(**第4-12節**で説明)が使えるようになると、複雑な立体が自由に作れるようになります。

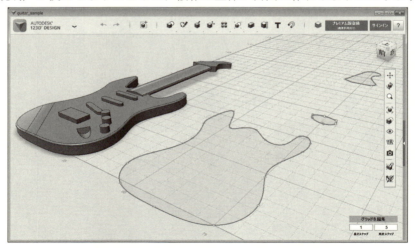

「スケッチ」を使って作った立体の例(ギター)

[4-1] 「スケッチ」の描き方

まずは、「スケッチ」の最も基本的な機能である、「線」や「面」の描画について見ていきましょう。

■「平面図形」の描画

「スケッチ」メニューで「平面図形」を描く機能として、「スケッチ四角形（Sketch Rectangle）」「スケッチ円（Sketch Circle）」「スケッチ楕円（Sketch Ellipse）」「スケッチ・ポリゴン（Sketch Polygon）」があります。

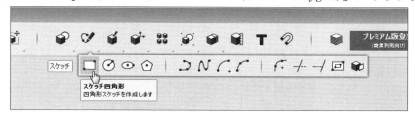

「スケッチ」のメニュー（平面）

「スケッチ四角形」は、対角の2点を指定して「長方形」を描きます。
「スケッチ円」は、中心と半径を指定して「円」を描きます。
「スケッチ楕円」は、中心、長径、短径を指定して「楕円」を描きます。
「スケッチ・ポリゴン」は、中心、半径を指定して、その円に内接する「正多角形」を描きます（デフォルトは「正六角形」で、任意の正多角形を描くことも可能）。

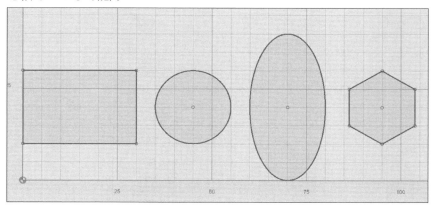

各平面の描画結果

第4章 「スケッチ」を使う

各図形の描画で座標を指定する際、グリッド線の交点の位置でスナップが効きます。

*

これらの図形は、**第3章**で触れた「押し出し」「スイープ」「回転」「ロフト」といった機能では、「断面」として利用できます。

ドリル

「スケッチ」で、「円」「多角形」を描いてみましょう。

① 「ビュー・キューブ」の「上」を選択して、上からの視点に切り替える。
② 「スケッチ」→「スケッチ円」と選択。
③ 編集エリアのグリッド上で左クリック。※
④ 円の「中心」→「円周の1点」の順でクリックして、「Esc」キーまたは緑色の「モードを終了します」で確定（直径＝30mm）。
⑤ 「スケッチ」→「スケッチ・ポリゴン」と選択。
⑥ 編集エリアのグリッド上でクリック。※
⑦ 六角形の「中心」→「頂点のうち1個」の順でクリックして、確定（半径＝25mm）。

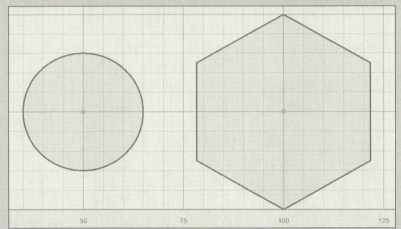

※これらのクリック操作は、どの平面上に「円」や「多角形」を描くかを指定しています。詳しくは、次で触れます。

*

[4-1] 「スケッチ」の描き方

　これらの4つの図形は、「プリミティブ」メニューからも描くことができ、サイズの指定は立体のプリミティブと同様に、ダイアログでの数値入力になります。
　そのため、通常はマウスだけで操作できる「スケッチ」メニューのほうが、楽に利用できると思います。

■「折線」「曲線」「多角形」の描画

　「スケッチ」メニューで「線」を描く機能には、「ポリライン（Polyline：折線）」「スプライン（Spline：曲線）」「2点円弧（Two Point Arc）」「3点円弧（Three Point Arc）」があります。

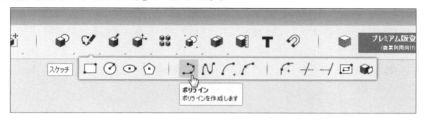

「スケッチ」のメニュー（線描画）

　描いた線は、「押し出し」や「回転」などの「押し出し経路」や「回転軸」として利用できます（「回転軸」として利用する場合は、「ポリライン」で直線を描画して利用）。

　「ポリライン」は、複数の点を指定して、それらを「折線」でつなぎます。

　「スプライン」も複数の点をつないだ線ですが、各点を「滑らかな曲線」でつなぎます。

　「2点円弧」は、円の「円の中心」と「2つの点」を指定して、円弧を描きます（弧の角度は、数値でも指定できます）。

　「3点円弧」は、円周上の「3つの点」を（弧の両端の点→弧の中間の点の順で）指定して、円弧を描きます。

第4章 「スケッチ」を使う

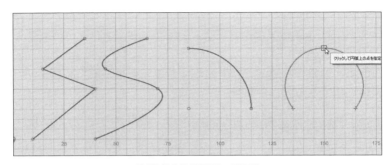

「折線」「曲線」「円弧」の描画例

　「スプライン」で描いた曲線は、その曲線の「曲がり方」を調整する加工機能が付いています。曲線の加工については、**第4-11節**で説明します。

＊

　描画の際には、「グリッドの頂点」「始点の垂直／水平方向」でスナップが効きます。

　なお、描画中にマウスを移動しているときに、描いている線がグリッドと平行（垂直線、水平線）な位置や、線同士が直角になる位置、周囲の他の線の中点の垂線（図参照）のような位置の場合には、グリッド交点以外でもスナップが効くことがあり、この働きによって、幾何学的な図形が描きやすくなっています。

　後述の「幾何拘束」も、この機能と関係します。詳しくは、**第4-12節**を参照してください。

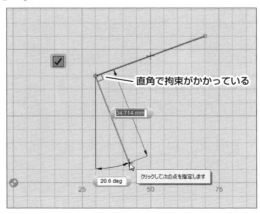

直角で拘束が掛かる例

[4-1] 「スケッチ」の描き方

> **ドリル**

「スケッチ」で、「折線」「曲線」を描いてみましょう。

① 「スケッチ」→「ポリライン」を選択。
② 適当に4箇所の点を指定して、「Esc」キー、または緑色の「モードを終了します」で確定。
③ 「スケッチ」→「スプライン」を選択。
④ 適当に4箇所の点を指定して、確定。
⑤ 「スケッチ」→「2点円弧」を選択。
⑥ 「円の中心」→「円弧の始点」→「終点」の順でクリック。
⑦ 「スケッチ」→「3点円弧」を選択。
⑧ 「円弧の始点」→「円弧の終点」→「円弧の中間点」の順でクリック。

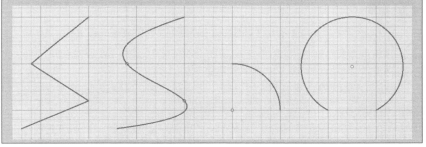

■「折線」「曲線」「円弧」を組み合わせた複雑な面の描画

「スケッチ」で描いた「線」は、組み合わせたり、つなぎ合わせることで、複雑な形状の図形を描くこともできます。

また、折線や曲線を使った「面」を描く場合は、線の「始点」と「終点」を同一にして、「閉じた線」として描きます。こうすることで、囲った部分の面が「水色」で塗りつぶされて表示されます。

「始点」と「終点」が閉じてさえいればよく、囲う線については、「折線」「曲線」「円弧」が混ざっていてもかまいません。

第4章 「スケッチ」を使う

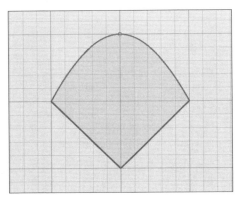

「折線」と「曲線」を使った図形

ドリル

「スケッチ」で、「折線」「曲線」「多角形」を描いてみましょう。

① 「スケッチ」→「ポリライン」を選択。
② 適当に4箇所の点を指定してから、5点目に最初の点の位置を指定。
③ 「スケッチ」→「スプライン」を選択。
④ 適当に4箇所の点を指定してから、5点目に最初の点の位置を指定。
⑤ 「ポリライン」と「スプライン」を組み合わせて、直線と曲線で構成する面を描く。

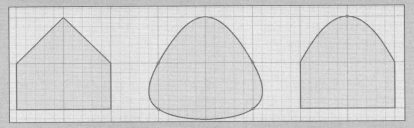

※複数の線を組み合わせて図形を描いた場合に、描き方によっては「ひとまとまりの面」ではなく、「単なる線の集まり」と認識される場合があります。
　どのような場合に「ひとまとまりの面」となり、どのような場合に「単なる線の集まり」となるのかは、**第4-3節**で説明します。

4-2 「スケッチ」が描かれる場所(座標系)

■「スケッチ」が描かれる場所

スケッチで描いた「面」や「線」を元に「押し出し」や「スイープ」などを使えば、プリミティブよりも複雑な立体が作れます。

このような立体同士や、さらにプリミティブと組み合わせる(「グループ化」や「結合」を使う)ことで、複雑な立体を作ることもできます。

特に、大まかな形をプリミティブで作っておいて、細かい部分(エンボス加工など)にはスケッチを利用して仕上げていく、という流れで作っていくと、手間をかけずに目的の立体を作ることができます。

たとえば、「サイコロ」を作る場合、全体を構成する「立方体」の部分はプリミティブの「ボックス」を使い、各面の「目」の部分はスケッチの「スケッチ円」で描いてから、「押し出し」で凹ませる、といった具合です。

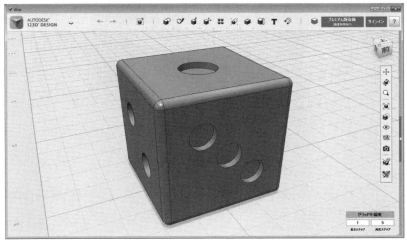

プリミティブとスケッチの組み合わせイメージ(サイコロ)

第4章 「スケッチ」を使う

　ただ、加工される側の「プリミティブ」と、加工するための「スケッチ」を、いちいちグリッドの別々の位置に描くと、組み合わせるときに面倒です。
　そのため、「スケッチ」はすでに配置してある立体物の平面部分に、直接描画することもできます。

　たとえば、先ほどのサイコロの例では、立方体を配置しておいてから、メニューの「スケッチ円」を選び、立方体の側面にカーソルを移動すると、グリッドが表示されます。
　このとき、立方体の側面部分[※]をマウスカーソルでクリックすると、その面に対する描画モードとなり、スケッチを直接描くことができます。

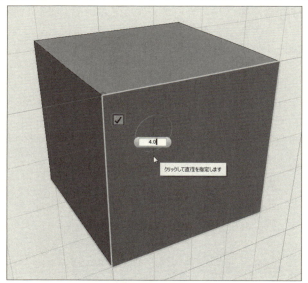

立方体の側面を基準にした場合の例

> ※描画先に指定できるのは、立体物の「平面」部分だけです。「球」や「円柱」などの「曲面」の上には描くことはできません。

　描画が終わったら、「Esc」キーを押すか、「緑色」の「モードを終了します」をクリックすると確定となり、元の編集画面に戻ります。

[4-2] 「スケッチ」が描かれる場所(座標系)

ドリル

プリミティブを配置して、その上にスケッチを描いてみましょう。

①ボックスを1個配置。
②「スケッチ」→「ポリゴン」を選択。
③ボックスの手前の側面をクリック。
④側面の中心に「正六角形の中心」を、下の辺の中央に「頂点」を指定。
⑤「モードを終了します」で確定。

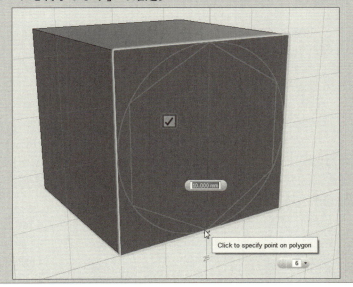

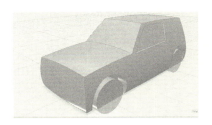

4-3 「面を構成する線」と、「面にならない線」

■「直線」「折線」「曲線」で描いた図形が、「面」と認識される条件

先述したように、「折線」や「曲線」といったスケッチを使って、「始点」と「終点」を閉じるように描いた線は、「面」として扱うことができます。

この「面」は、「スケッチ四角形」や「スケッチ円」などの面と同様に機能します。

ただし、「折線」や「曲線」で線を描けば、それらが自動的に「面」と認識されるわけではありません。

「面」を構成するためには、「面を構成するすべての線」が「ひとつの仲間」として認識されている必要があります。

> ※プリミティブの「グループ化／グループ解除」に似ていますが、スケッチには「グループ化」機能は適用できません。

1回の操作の「ポリライン」（折線）で、「始点」と「終点」が同一となる図形を描いた場合は、その折線の1本1本は一連の「仲間の線」と認識されて、自動的に「面」が構成されます。

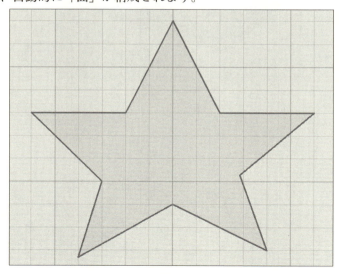

一連の折線で描いた面

[4-3] 「面を構成する線」と、「面にならない線」

■「面」として認識される図形の描き方

「折線」と「曲線」を組み合わせた図形で「面」を構成したい場合、当然ながら、「折線」と「曲線」は1回の操作では描けません。最低でも描画の操作が2回は必要です。

このように、複数の種類の線を組み合わせて「面」を描く場合、意図的にそれらの線を「仲間」と認識させる必要があります。

＊

例として、「ポリライン」で2辺の折線を描き、その両端を「スプライン」でつないだ「面」を描いてみます。

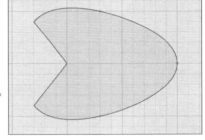

折線と曲線で描く面の例

まず、「スケッチ」→「ポリライン」で2本の折線を描き、「Esc」キーで確定しておきます。

続いて、「スケッチ」→「スプライン」を選択して、マウスカーソルを編集エリア上で動かすと、「グリッド、スケッチ、またはソリッド面をクリックしてスケッチを開始します」という説明文が表示されます。

ただし、この状態で曲線を描画しても、折線と曲線は、「仲間」とは認識されません。

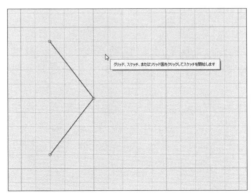

「グリッド、スケッチ、またはソリッド面をクリックしてスケッチを開始します」の表示

第4章 「スケッチ」を使う

　この場合は、マウスカーソルを先に描いておいた折線の上に移動すると、説明文が「クリックしてスケッチを編集します」に変わり、同時にグリッド面の色が変化します。

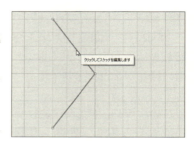

マウスカーソルを折線上に移動した場合

　この状態で「折線」をクリックすると、折線の仲間としてスケッチを編集するモードに入ります。
　「曲線」の始点と終点を、「折線」と一致するように描画すると、「折線」と「曲線」が仲間として認識されて、「面」が構成できます。

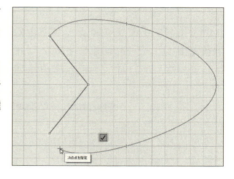

折線と曲線を「仲間」として描いているところ

　このように、「スケッチ」を描く際に、先に描いておいた図形をクリック（選択）してから、仲間にしたい図形をつなげて描くと、それらは「仲間」として認識され、「面」を構成できます。
　この方法は、折線や曲線のような線だけではなく、すでに描画してある面（「スケッチ円」や「スケッチ四角形」など）を構成する線と組み合わせることもできます。

　「仲間」として描かれた図形は、「移動/回転」での移動や回転、「スケール」で拡大縮小する場合も、1つの図形として連動して操作できます。

　逆に、別々に描かれた線同士は、「仲間」と認識されないので、「面」は構成されません。
（「別の仲間」として描画することで、意図的に別の図形として扱うこともできます）。

[4-3] 「面を構成する線」と、「面にならない線」

ドリル

「折線」や「曲線」をスケッチで描き、面が構成できる条件を確かめましょう。

①「スケッチ」→「ポリライン」で、折線を2つ並べて描く。
②「スケッチ」→「スプライン」を選択。
③グリッド上をクリック（折線とは別の仲間として描画）。
④曲線の始点と終点を、左の折線の始点と終点に合わせて描く。
⑤再度、「スケッチ」→「スプライン」を選択。
⑥右の折線をクリックして選択（太い薄緑色で表示）。
⑦右の折線の始点と終点と合わせて、曲線を描く。
⑧右側の図形だけが面となっている（水色で表示）ことを確認。

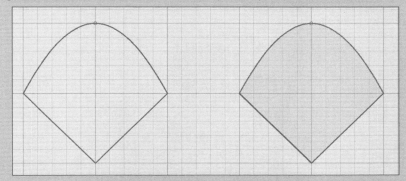

※このような応用例を、第4-13節で、実際に操作してみます。

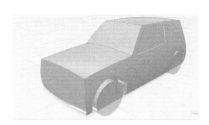

4-4 「スケッチ」から立体を作る

■スケッチで描いた「面」を「押し出し」

　スケッチで描いた「面」は、プリミティブ上の「平面」と、ほぼ同じ性質をもっています。
　スケッチで描いた「面」も、「構成」や「修正」を使うと、立体を作り出したり、既存の立体に加工を施すことができます。

　たとえば、「スケッチ・ポリゴン」で描いた正六角形を「押し出し」すれば、「正六角形の柱」になります。

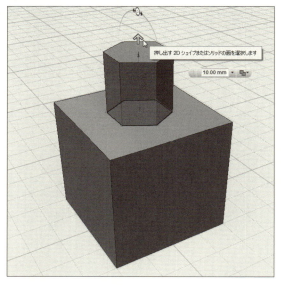

立方体から伸びる、「正六角形の柱」

　さらに、「押し出し」で押し込む動作をすると、「切除」加工ができます。

　このように、スケッチで描いた面に「構成」や「修正」を組み合わせると、プリミティブの立体に加工ができます。

[4-4] 「スケッチ」から立体を作る

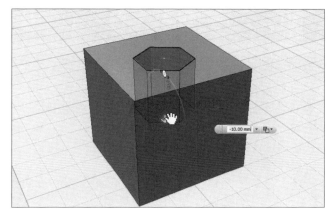

立方体から「正六角形」をくり抜く

「ポリライン」「スプライン」「円弧」を組み合わせて描いた「面」も、「構成」や「修正」で同様に利用できます。

ドリル

「ポリライン」と「スプライン」を組み合わせた図形から、「押し出し」でエンボス加工をしてみましょう。

①ボックスを1個配置。
②「スケッチ」→「ポリライン」を選択。
③ボックスの側面をクリックしてから、縦線を1本描く。
④「スケッチ」→「2点円弧」を選択。
⑤上で描いた縦線をクリック※してから、その直線の両端を半円形でつなぐ（先に描いた折線に半円形をつないで、1つの面（仲間）として描く）。
⑥「構成」→「押し出し」で、出来上がった「面」を5mm押し込む。

※先に描いた「折線」に「半円形」をつないで、1つの「面」(仲間)として描きます。

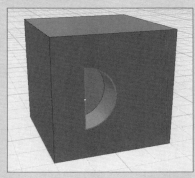

第4章 「スケッチ」を使う

4-5 「スケッチ」から「スイープ」で立体を作る

■スケッチを「スイープ」で掃き出し

「スイープ」(Sweep) は、「プロファイル」(断面) や「パス」(道筋) に、スケッチで描いた「面」や「線」(折線、曲線) を利用すると、複雑な立体を作ることができます。

たとえば、「プロファイル」に「スケッチ・ポリゴン」(ここでは正六角形) を、「パス」に「スプライン」や「ポリライン」で描いた曲線を指定し、「スイープ」を行なうと次の図のようになります。

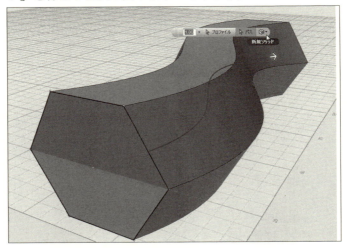

「曲線」を使った「掃き出し」の例

スケッチで複雑な形状の面を描けば、複雑な形状の柱を掃き出すことも可能です。

なお、スケッチを「スイープ」で掃き出す場合も、「マージ」「切除」「交差」「新規ソリッド」を選択できます。

*

「プロファイル」と「パス」を指定すると、ダイアログに「距離」欄が表示されます。「距離」は、「掃き出しを行なう長さ」の指定です。

「1.0」のときには、「パス」で指定したぶんの長さで生成します。
「1.0」より小さい値を指定すると、その比率で「パス」の途中までの立体が生成されます。

ドリル

「ポリライン」や「スプライン」を使って、「スイープ」で立体を作ってみましょう。

①編集エリアに、「スケッチ円」で円を描く。
②「移動/回転」を使って、円を編集エリアのグリッドと直交する形に90度回転。
③編集エリアに、「パス」となる曲線を「スプライン」で描く（緩やかな曲線で）。
④「構成」→「スイープ」を選択。
⑤「プロファイル」に先ほどの円を、「パス」に曲線を指定。
⑥ダイアログで「新規ソリッド」を選んで、確定。
⑦同様に、「パス」に「ポリライン」を使って、「スイープ」を行なう。

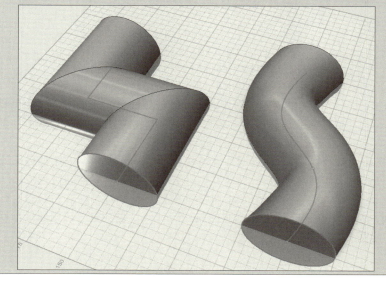

なお、「パス」と「プロファイル」が離れた位置関係（オフセット）の状態で「スイープ」を行なうと、次の図のように「パスが偏って強調」された立体が生成されます。

特に理由がない場合は、「パス」に使う曲線は、「プロファイル」の中央付近に配置してください。

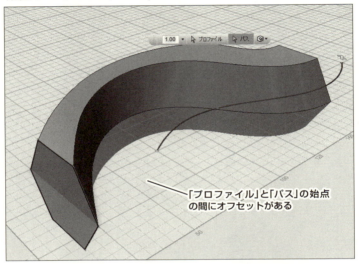

「パス」と「プロファイル」に、「オフセット」をつけた場合

また、「パス」に曲がり具合が大きい曲線を使うような場合には、条件によって「操作が無効です」と表示されて、立体が作れない場合があります。

「操作が無効です」となってしまう場合には、(a)「パス」の始点を「プロファイル」の面の中心に設定する、(b)「パス」の始点の付近では「プロファイル」と「パス」をほぼ直角に設定する、(c)「パス」の曲り具合を緩やかにする——といったことを心掛けると、想定通りの立体になりやすいと思います。

4-6　「スケッチ」から「回転」で立体を作る

■スケッチを回転した立体

　「回転」も、「プロファイル」（断面）や「軸」（回転軸）に、スケッチで描いた「面」や「線」を利用することで、複雑な立体を作ることができます。

　たとえば、「ポリライン」や「スプライン」で作った面を「プロファイル」に指定して、回転を使うと、このような立体になります。

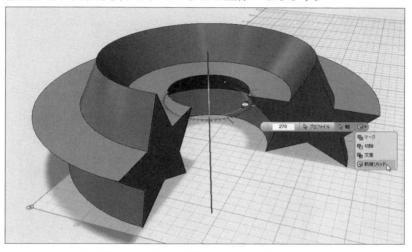

複雑な面を使った回転体の例（「ポリライン」で描いた星型を回転）

　また、スケッチを使った場合も、「マージ」「切除」「交差」「新規ソリッド」を選択できます。
　たとえば、「切除」を使うと、円柱や球を周回する「溝」のような造型ができます。

　なお、「軸」は、直線だけが使えます。
（「ポリライン」で（折線にせず）1本の直線で垂直の線を描くか、「軸」のためだけに使う「ボックス」（立方体）を、一時的に配置します）。

第4章 「スケッチ」を使う

ドリル

「回転」を使って、複雑な回転体を作ってみましょう。

① 「ポリライン」と「スプライン」を組み合わせて、平面を描く。
② 「ポリライン」で直線を1本描く。
③ 「移動/回転」を使って、上記の面と直線を、90度回転して直立させる。※
④ 「構成」→「回転」を選択。
⑤ 「プロファイル」に面を、「軸」に線を指定。
⑥ 角度に「270度」を指定。
⑦ ダイアログ右端で「新規ソリッド」を選択して、確定。

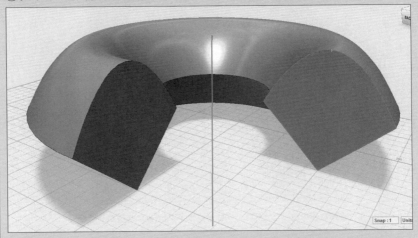

※面の図形や直線を90度回転する場合、「移動/回転」ダイアログの「方向再設定」(方向再設定を開始→方向再設定を停止)を使って、それぞれの隅(先端)部分に「回転の中心点」を変更しておくと、グリッド上面だけで立体が作ることができるので、他の立体物と位置が合わせやすくなります。
　詳しくは、サンプルムービーと第4-13節を参照してください。

4-7 「スケッチ」から「ロフト」で立体を作る

■手書き感覚のような曲面で、立体が作れる

「ロフト」は、複数の「面」を選択して、それらを滑らかな曲面でつないだ形の立体物を作ることができます。

これまでに作ったものは、「幾何学的」な立体ばかりでしたが、「スケッチ」と「ロフト」を組み合わせると、「有機的」な立体を作ることができます。

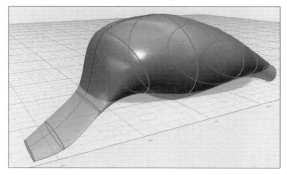

「ロフト」の立体物の例①（魚釣りのルアー）

スケッチ（「ポリライン」や「スプライン」など）を使って、「面」を複数枚描き、それらを「Ctrl」キーを押しながら左クリックで順々に選択して、「構成」→「ロフト」を選ぶと、各面を緩やかな曲線でつないだ立体を生成できます。

> ※構成する1枚1枚の「平面」同士は、「仲間」ではなく、独立した「面」として描いてください。

なお、これらの各面の形状は、同じ形（「丸」や「六角形」など）に統一されている必要はありません。

各断面ごとに、「丸」や「多角形」など、各々異なった形状の面を指定しても、スムーズな曲面でつなぐことができます。

また、「ロフト」でつなぎ合わせる面は、お互いに平行である必要はあ

第4章 「スケッチ」を使う

りません。
　角度をつけた面をつなぎ合わせることで、次の図のような形（空き缶が潰れて曲がったような形）も作れます。

「ロフト」の立体物の例②（潰れた空き缶）

　スケッチを使った場合も、「マージ」「切除」「交差」「新規ソリッド」を選択できます。

ドリル

「ロフト」で「面」をつないで、蛇のような立体を作ってみましょう。

①半径50mmの円を4つ並べて描く（「仲間」とせず、お互い独立した図形）
②4つの円を、各面が一直線になるように、それぞれ90度回転する。
③「トランスフォーム」→「スケール」で、各円の半径の比を「1」「0.7」「0.5」「0.3」に設定。
④半径を「0.7」と「0.3」にした円を、横方向に20mm移動。
⑤半径を「0.3」にした円を、30度回転。
⑥「Ctrl」キーを押しながら、4つの円を順に左クリックして選択。
⑦「構成」→「ロフト」で断面をつないで立体にし、確定。

[4-8] 「修正」を使って、立体を加工

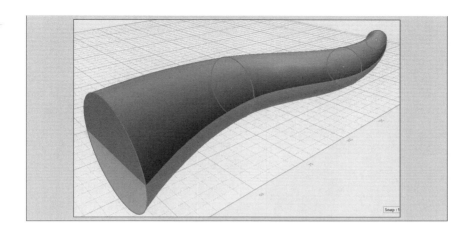

4-8 「修正」を使って、立体を加工

■有機的な加工に使える、「面を分割」と「ソリッドを分割」

「修正」については、第3章で「プレス/プル」「ツイーク」「フィレット」「面取り」「シェル」を使った変形について触れました。

スケッチを元に作った立体物についても同様に、これらの機能を用いた変形ができます。

＊

ここでは、第3章でまだ触れていない、「面を分割」(Split Face) と「ソリッドを分割」(Split Solid) について触れます。

「面を分割」「ソリッドを分割」は、それぞれ「立体物の面に切り込みを入れる」「立体物を指定した面で切り分ける（分離する）」という機能です。

「面」を切り分けると、「押し出し」や「スイープ」のような機能で、切り分けた後の面を押し出したり押し込むような加工ができ、「立体物」を切り分けると、それぞれを別の立体として独立して扱うことが可能になります。

151

第4章 「スケッチ」を使う

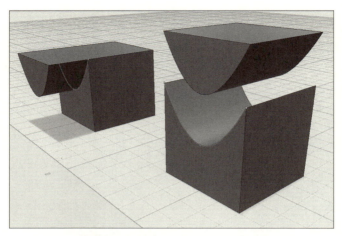

「面を分割」(右)と「ソリッドを分割」(左)の例

　切り分ける際の「線」や「面」は、「直線」や「平面」だけでなく、「曲線」や「曲面」を利用できるので、有機的な面をもつ複雑な立体物も作れます。
　うまく応用すると、「ロフト」のように有機的な曲面をもった立体を、比較的厳密な寸法で造形できます（自動車のボディのような曲面など）。

■「面を分割」を使った加工

　「面を分割」は、立体物の「平面上」に描いた「線」で、その面を分割する（切り込みを入れる）機能です。

　その際に指定する線は、スケッチの線描画機能（ポリライン、スプライン、円弧）が利用できます。
　「スプライン」や「円弧」を使えば、曲線による切り込みも可能です。

　「面を分割」の操作の前に、該当の面の上に、スケッチの線描画機能（直線、折線、曲線）で線を描いておきます。
　これらを「仲間の線」で描けば、組み合わせることもできます。
　　　　　　　　　　　　　　　＊
　「修正」→「面を分割」を選んでから、「分割する面」に「切断される面」を指定し、「分割エンティティ」に「切断する線」を指定します。

[4-8] 「修正」を使って、立体を加工

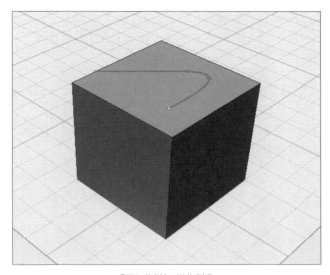

「面を分割」の操作例①

　線を指定すると、切断のイメージが「赤い面」で表示されるので、確定すると面が切断されます。

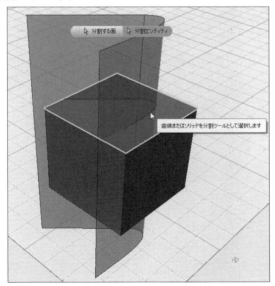

「面を分割」の操作例②（分割する赤い面）

第4章 「スケッチ」を使う

　なお、線の両端は、面周囲の「辺」とつながっていなくてもかまいません。（線が短い場合は、その延長線と周囲の辺が交差する部分まで、切断線が自動的に補完されます）。

*

　「面を分割」の操作だけでは、一見、立体物の形状には何の変化も現われません。

　「面を分割」は、「押し出し」や「スイープ」などの「面に関わる加工メニュー」と組み合わせて利用します。

ドリル

　「面を分割」を使って、立体状の面をカットしてみましょう。

①ボックスを配置。
②側面に「スプライン」で曲線を描く。
③「面を分割」を選択。
④「分割する面」に立方体の側面を選択し、「分割エンティティ」に曲線を選択。
⑤面を分割するイメージが赤色で表示されるので、確認してから確定。
⑥「構成」→「押し出し」を選択
⑦切り分けた面の一方を、立体内部方向に10mm押し込む。

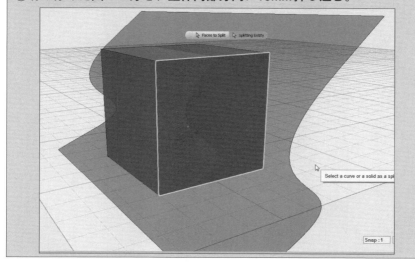

■「ソリッドを分割」を使った加工

「ソリッドを分割」は、立体物の「平面上」に描いた「線」の切り口で、「立体物」を切り分ける機能です。

「ソリッドを分割」の機能や操作法は、「面を分割」とほぼ同じですが、切断されるのが、「面」ではなく「立体物」です。

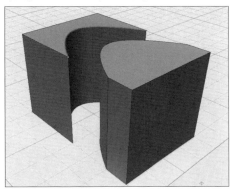

切断面の例(立体物が切り分けられる)

指定したスケッチの線(折線や曲線)を通り、スケッチが描かれている面に垂直な曲面で切断されます。
(立体物に対して斜め方向の面で切断したい場合は、立体上の面とは別に、切断用の線を描く「斜めの面」(「スケッチ四角形」など)を用意してください)。

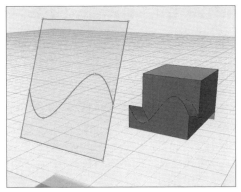

「ソリッドを分割」で斜めにカットする例

第4章 「スケッチ」を使う

ドリル

「ソリッドを分割」を使って、立体物を曲面でカットしてみましょう。

①ボックスを配置。
②上面に「スプライン」で曲線を描く。
③「ソリッドを分割」を選択。
④「分割するボディ」に立方体を、「分割エンティティ」に曲線を選択して、確定。
⑤「トランスフォーム」→「移動/回転」で、切り分けた片方を移動。

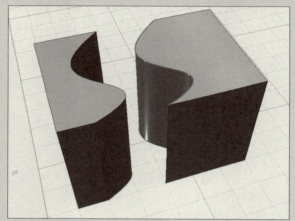

4-9 「スケッチ」を使った、「パターン」の生成

■スケッチで「パス・パターン」(Path Pattern)を指定

「パターン」を使って立体物を並べて生成する方法は、第3章で触れました。
　ここでは、「パス・パターン」の機能を使って、立体物を並べて生成する方法について触れます。

＊

「パス・パターン」を使うと、曲線や折線に沿って立体物を並べることができます。

[4-9] 「スケッチ」を使った、「パターン」の生成

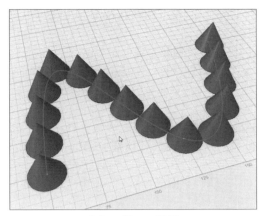

「パス・パターン」の例

　まず、配置する立体物と、それを並べる道筋（直線、折線、曲線）を用意します。
　「パターン」→「パス・パターン」を選ぶと、ダイアログが表示されます。

　ダイアログで、「ソリッド」（Solid）に立体物を指定し、「パス」（Path）に曲線を選択します。
（その際に、立体物はマウスの「左ドラッグ」で、立体全体を選んでください。「左クリック」だと、特定の面だけが選択されて、「パス・パターン」による操作がうまく機能しません）。

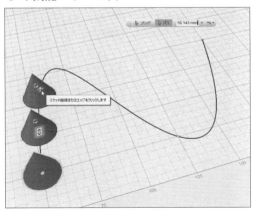

「パス・パターン」の操作中の例

すると、ダイアログに「距離」(Distance)を指定する「テキスト・ボックス」が追加されます。

「テキスト・ボックス」に数値を入力するか、「パス」上に表示される矢印マークをドラッグすることで、どの範囲に配置するか（長さ）を指定できます。

「パス」に指定した曲線の中央付近に表示されるアイコンをクリックすると、「テキスト・ボックス」は、「数量」(Quantity)の入力モードに変わります。

デフォルトでは「3個」が指定されているので、任意の数を指定します。

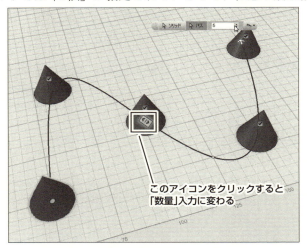

「パス・パターン」の個数入力の例

ダイアログの右端は、「同一」(Identical)と「パスの方向」(Path Direction)の選択です。

デフォルトでは、「同一」になっています。意図に合わせて「パスの方向」に変更してください。

[4-9] 「スケッチ」を使った、「パターン」の生成

ドリル

「パス・パターン」を使い、立体物を並べてみましょう。

① 「スプライン」を使って、曲線の道筋を描く。
② 描いた曲線の一端に、ボックスを1個配置。
③ 「パターン」→「パス・パターン」を選択。
④ 「ソリッド」にボックスを指定（ボックス全体を左ドラッグ）。
⑤ 「パス」に曲線を選択（曲線をクリック）。
⑥ 「パス」のところに表示される矢印マークをドラッグして距離を指定。
⑦ 「パス」の中央付近に表示されるアイコンをクリック。
⑧ 「数量」入力モードに変わるので、「10」を入力。
⑨ ダイアログで「パスの方向」を選択して、道筋に合わせて向きを回転。

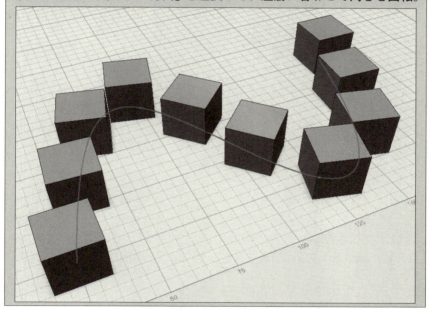

4-10 テキスト文字

■「TTFフォント」を使った、「テキスト文字」の加工

「文字」機能を使うと、コンピュータに内蔵している「TTFフォント」（TTF：True Type Font）を使って、文字を描くことができます。

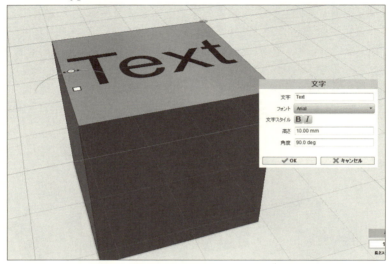

立方体に書いた「テキスト文字」

　この「文字」機能で描いた文字のイメージは、他のスケッチ機能で描いた図形のように、「押し出し」や「スイープ」などを使って、「面」を押し出したり押し込むことで、立体の表面に「文字加工」ができます。
（ただし、描かれた文字は、他のスケッチのような再編集（次項以降で説明）はできません）。

■ボックスに浮き上がる「テキスト文字」を加工

　ボックスを配置し、「文字」メニューを選択して、立方体の上面をクリックします。

　文字をどこに描くかを指定するモード（「文字の位置を指定します」表示）

[4-10] テキスト文字

になるので、「書く文字の左下部分」となる位置をクリックします（後から、マウス操作で微調整できます）。

すると、「文字」というダイアログが表示されます。
このダイアログに表示される各項目は、以下の通りです。

文字（Text）	「表示するテキスト文字」を入力。日本語の文字も入力できる。
フォント（Font）	「表示に使うフォント」を選択（日本語文字の場合は、日本語フォントを選択）。
文字スタイル（Text style）	太字（Bold）、斜字体（Italic）を選択。
高さ（Height）	「文字の大きさ」を指定。（「Units」で指定した単位で、高さを規定）。
角度（Angle）	角度を指定（標準では90度）。マウス操作でも角度を設定できる。

各項目を入力して「OK」をクリックすると、確定します。

入力した文字の図形が描かれたら、「押し出し」を使って、上に「2mm」だけ押し出すと、次の図のように浮き出た文字を作ることができます。

文字が浮き出た状態

第4章 「スケッチ」を使う

ドリル

「文字」を使い、文字のエンボス加工をしてみましょう。

① 「ボックス」で、立方体を配置。
② 「文字」メニューを選択して、立方体の上面をクリック。
③ 文字を描く位置の「左下」となる位置を指定。
④ 表示されたダイアログで、「文字」のところに文字を入力(ここでは「ABC」)。
⑤ 必要に応じて、フォントやサイズ、角度、スタイルを指定。
⑥ 「OK」をクリックして、確定。
⑦ 「押し出し」を選択して、描いた文字をクリック。
⑧ 「1mm」押し込んで、確定。
⑨ 「スケッチを非表示」を選択して、エンボス加工の結果を確認。

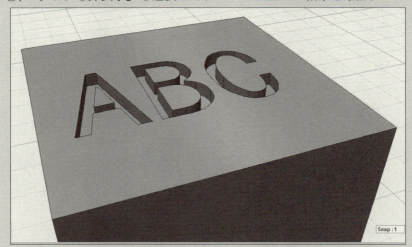

[4-11] 「スケッチ」の加工

■改めててスケッチの加工機能

これまでは、スケッチで図形を「描く」操作について触れてきました。

この節では、スケッチで描いた線や図形に対して、「加工」をする方法について触れます。

*

スケッチを加工する機能として、「スケッチ・フィレット (Sketch Fillet)」「トリム (Trim)」「延長 (Extend)」「オフセット (Offset)」が利用できます。

■「スケッチ・フィレット」による「丸め加工」

スケッチで描いた線や図形も、描いた後で「Fillet」（丸め加工）を行なうことができます。

「折線」や「長方形」「多角形」など、2本の直線で「角」が作られている部分に使います。

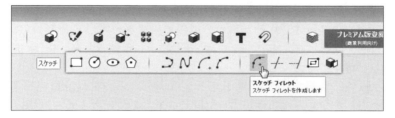

「スケッチ・フィレット」メニュー

*

「スケッチ」→「スケッチ・フィレット」と選択してから、対象の図形（折線や多角形）を選択してから、「丸め加工」を行なう「角」「頂点」の白丸をクリックして選択します。

すると、「フィレット半径」を指定する矢印と、数値入力のダイアログが表示されます。

矢印をマウスで操作するか、数値を入力することで、「丸め量」を操作できます。

第4章 「スケッチ」を使う

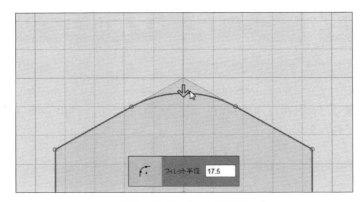

「スケッチ・フィレット」の操作

　なお、丸める「頂点」の白丸が小さくて選択しにくい場合は、両側の2辺を順にクリックすることでも同様に操作できます。

■「トリム」(Trim)による折線の加工

　「折線」(ポリライン)や、複数の直線で構成される「多角形」(スケッチ四角形、スケッチ・ポリゴン)は、「トリム」を使うと、1本1本削除することが可能です。
(「スケッチ・ポリゴン」は、もともと「ポリライン」の「始点」と「終点」が同一点、かつ長さと角度がすべて同じ図形なので、どちらも同様に扱うことができます)。

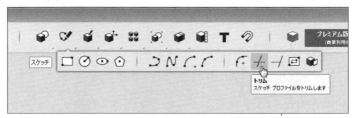

「トリム」のメニュー

　「スケッチ」→「トリム」と選択してから、対象の図形をクリックし、いったんその図形からマウスカーソルを離して(遠ざけて)から、改めて「削除したい線」にマウスオーバーすると、その線が「赤く」表示されます。

[4-11] 「スケッチ」の加工

この「赤い」状態で「左クリック」すると、対象の線を削除できます。

「トリム」の操作例

※操作のポイントは、対象の図形をクリックした後に、マウスカーソルをいったん図形から離す操作が要ることです。次の「延長」や「オフセット」においても同様です。

■「延長」(Extend)による延長線の追加

「多角形の角」や「トリムで丸めた頂点」は、「延長」を使うことで、「延長線」を描くことができます。

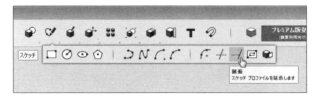

「延長」のメニュー

ここでは、特に使用頻度が高いと思われる、「多角形（五角形以上）の頂点の延長線」を描く方法について触れます。

＊

例として、「正六角形」が描かれている場合を取り上げます。

第4章 「スケッチ」を使う

「スケッチ」→「延長」を選んで、「正六角形」をクリックして選択し、いったんマウスをこの図形から遠ざけます。

再度、「延長したい線」にマウスカーソルを近づけると、その線が「赤色」で延長されます。

その際、延長したい「辺」を半分に分けて、端に近い側に「赤色の線」が伸びているので、「延長したい側」の端に近いところにマウスを近づけてください（次の図では、選択した辺から下側に「赤い線」が伸びています）。

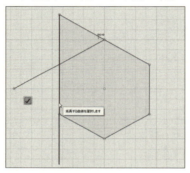

「延長」の操作例（赤い線が下に伸びている）

この状態で確定すると、「赤色」で表示されていた線の部分が、スケッチの線として追加されます。

「正六角形」では、すべての辺を両側に伸ばすと、「6個の頂点がある星型」となります（中央の六角形が元の図形）。

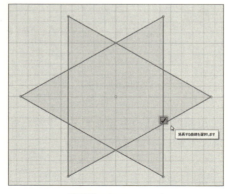

「星型」になるイメージ

[4-11] 「スケッチ」の加工

> ※「スケッチ・ポリゴン」を延長する場合、「伸ばそうとしている線」の「隣の隣の線の延長」との交点までとなります。
> 　これは「延長」で伸ばされるのが「仲間としてかかれた線」との交点までであるためです。
> 　また、仲間の図形に曲線が含まれている場合は、その「曲線」との交点まで延長することも可能です。
> 　「正方形」や「長方形」の場合、「隣の隣の線」とは「平行」（交わる交点がない）なので、「Extend」は利用できません。

■「オフセット」(Offset)による加工

「オフセット」は、「相殺するもの」「埋め合わせるもの」といった意味です。

この機能を使うとスケッチで描いた「線」を平行移動したり、多角形のような「面」の一回り小さい（大きい）図形を、簡単に描くことができます。

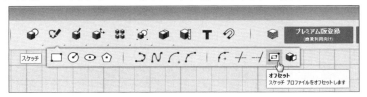

「オフセット」のメニュー

「直線」を移動するなら「移動/回転」でもできますが、「オフセット」は、「始点／終点」が元の線と揃った直線（元の線と垂直方向の線）を描くことができます。

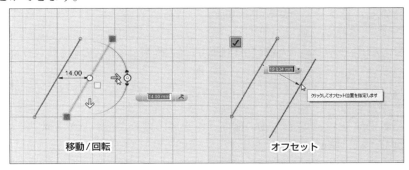

「移動/回転」と「オフセット」の違い

「スケッチ・ポリゴン」のような多角形や円などの図形に「オフセット」を使うと、内側（外側）に、指定した幅で平行な線を引くことができます。

167

第4章 「スケッチ」を使う

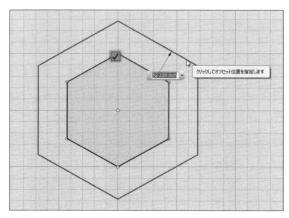

多角形で「オフセット」を使った例

＊

　スケッチで「線」や「面」の図形を描いてから、「スケッチ」→「オフセット」を選択して、対象の「線」や「面」を左クリックで選択します。
　いったんその図形からマウスカーソルを遠ざけてから、改めてその図形をマウスクリックで選択し、マウスを動かすと、「オフセット」されたスケッチが「赤い線」で表示されます。

　オフセット量は、マウスドラッグの移動量か、ダイアログへの数値入力で指定し、左クリックで確定します。

　「オフセット」で描いた線は、自動的に元の図形と「仲間の線」になります。

＊

　「オフセット」を行なうと、「スケッチ・フィレット」で丸めた「曲線部分」なども加味した状態で、一定幅の図形が描けます。
　これを使うと、「容器や箱の側面」を簡単に描くことができます。
　詳しくは、**第4-13節**で触れます。

> ※図形によっては、ある程度以上のオフセット量で、「操作が無効です」のエラーが出ることがあります。
>   各線を平行移動する際に、図形を特徴付ける点(頂点や、線の両端の点など)が逆転したり、曲線部分の半径がマイナス値になるなど、それ以上移動できない状態(位置関係が交差してしまうなど)になると、エラーになります。
>   その場合は、オフセット量を減らすか、形状を見直してください。

[4-11] 「スケッチ」の加工

■「スプライン」の曲線を調整

「スプライン」の曲がり方を後から調整できる機能が、「バージョン2.1」から追加されました。

ワープロソフトやドロー系ソフトにも、「スプライン」による曲線を描く機能があります。
これらのソフトでは「制御点の編集」機能を使って、曲線の曲がり方を調整できますが、「123D Design」の「スプライン」も、これらと同様の編集を行なうことが可能です。

*

「スプライン」で曲線を配置、確定してから、改めてこの曲線をクリックすると、曲線を描くときに指定した点(制御点)のところに、小さい「ハンドル」が表示されます。
この「ハンドル」をマウスで操作することで、曲がる半径を大きくしたり、小さくしたり、曲がる方向を微調整したりといった、曲がり方の調整ができます。

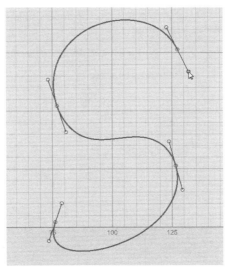

「スプライン」の曲線を調整する「制御点」と「ハンドル」

第4章 「スケッチ」を使う

ドリル

「スケッチ・フィレット」「トリム」「延長」「オフセット」で、スケッチを加工してみましょう。

① スケッチで、「折線（3本ギザギザにつながった線）」「正六角形」「斜めの直線」を描く。
② 「スケッチ」→「スケッチ・フィレット」から、「折線」を選択。
③ 片方の頂点をクリックして、丸める量をドラッグで設定して、確定。
④ 「スケッチ」→「トリム」を選択して、「折線」の1本をクリックして、確定。
⑤ 「スケッチ」→「延長」を選択して、「正六角形」をクリック。
⑥ 延長したい「辺」を選んで、クリック（各辺の中央からどちら側をクリックするかによって、伸ばす方向が選択されます）。
⑦ 「スケッチ」→「オフセット」と選択して、「正六角形」をクリック。
⑧ いったんマウスカーソルを遠ざけてから、再度「正六角形」のところに戻り、左クリックしてマウスを移動。
⑨ 適当な位置で左クリックするか、ダイアログに数値指定して確定。
⑩ 同じように、「斜めの線」に対して「オフセット」を使う。
⑪ 折線や曲線に「オフセット」を使った場合、どのように機能するか、確認する。

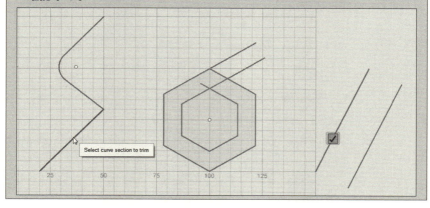

4-12　「スケッチ」の再編集

■図形の再編集

　スケッチ機能を使って描いた図形（線や面）は、それらの「特徴点」（直線の両端や、多角形の頂点、円の中心点など）や「辺」をマウスでドラッグすることによって、形状を再編集できます。

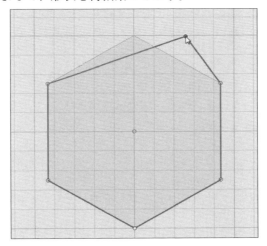

再編集の例①（正多角形の1頂点をドラッグ）

*

　ただし、このように「特徴点」をマウスで操作する場合、グリッド交点でのスナップが働かないので、正確な位置に再編集することはできません。

　正確な位置を指定して再編集するには、「寸法を編集」という機能を利用するのですが、この機能を使う前に、「3D CADソフト」で一般に使われている概念の「幾何拘束」について触れておきます。

第4章 「スケッチ」を使う

■「幾何拘束」とは

「幾何」は、「図形や空間の性質」に関する数学の分野のことですが、この場合、ざっくりと「図形に関するあれこれ」と思ってください。

*

「幾何拘束」というのは、図形の「ある部分」と「ある部分」の関係性について、「しばり」（拘束）をかける機能のことです。

たとえば、ある線の長さ（線の両端の間の長さ）を50mmに固定するとか、ある線とある線の間の角度を45度に固定するといった具合に、図形間の「距離」「長さ」「角度」といったパラメータを固定するのが、「幾何拘束」という機能です。

*

「幾何拘束」がかかった図形を移動したり、変形したりすると、その「拘束の条件」を保ったまま、ほかの部分（拘束されていない部分）が変形や移動することになります。

たとえば、次の図のような「ポリライン」で描いた四角形を見てください。
「左上の頂点」をドラッグすると、「グリッド線」の真上に描いた「縦方向と横方向の線」は、それぞれ「グリッド線」と平行な状態を保ったまま変形します。
しかし、このとき「右下の頂点」をドラッグすると、斜めの線はマウス操作によって角度が自由に変化します。

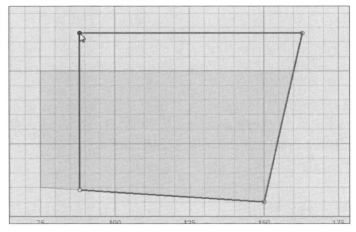

「自動拘束」の例（左上がグリッドに沿った四角形）

[4-12] 「スケッチ」の再編集

「グリッド線と平行な状態を保つ」というのも、一種の「幾何拘束」です。

このように、スケッチを描いただけで「グリッド線と平行に拘束」という条件が自動設定されるのを、「自動拘束」や「自動幾何拘束」などと呼び、「123D Design」でも、そのような機能がいくつか搭載されています。

プロ用の「3D CADソフト」などでは、「各頂点」「各辺」「頂点の角度」「曲線部分の半径」など、1つ1つの要素に対して「幾何拘束」を細かく設定できるのですが、「123D Design」では、細かい設定はできない仕様になっています。

＊

「123D Design」の「自動拘束」機能については本書では詳しく触れませんが、スケッチに関する操作を行なっていると、「これは自動拘束だな？」と気付くことがあるでしょう。

「123D Design」では、一部の「幾何拘束」（自動拘束ではない）については、「寸法を編集」機能で設定が可能です。

■「寸法を編集」(Edit Dimension)とは

「寸法を編集」は、「線の長さ（グリッド軸方向の長さ）」「点と点の距離」「線同士の角度」など、一部の「幾何拘束」の設定ができる機能です。

＊

「寸法を編集」は、「メイン・ツールバー」には登録されていません。

スケッチの「点」「辺」「面」を選択したときに表示される「歯車マーク」にマウスを重ねると、「サブメニュー」が表示されて、その中の「寸法を編集」アイコンをクリックすると、利用できます。

> ※「3D CAD」では、「幾何拘束」は一般に「スケッチ」に関する機能であって、立体物（プリミティブ立体など）に対して使う機能ではありません。
> これは「123D Design」の「寸法を編集」についても、同様です。

第4章 「スケッチ」を使う

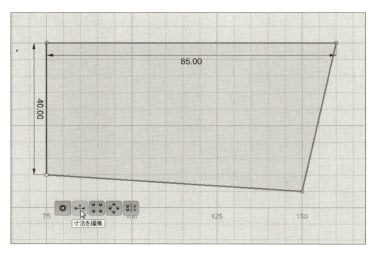

「歯車マーク」と「寸法を編集」

■「寸法を編集」の使い方① 「点」と「点」の距離

「寸法を編集」で「幾何拘束」をかけるには、かける側、かけられる側が、「同じ仲間のスケッチ」として描かれている必要があります。

※「同じ仲間」については、第4-3節を参照してください。

＊

たとえば、次の図のような2本の直線（傾斜角が異なる2本の線）を、「仲間の線」として描きます。

そして、この両方の「下側の端」を、現在の位置関係で固定したいとしましょう。

左側の線をクリックすると、「歯車マーク」が出てくるので、「寸法を編集」を選んでクリックしてみます。

[4-12] 「スケッチ」の再編集

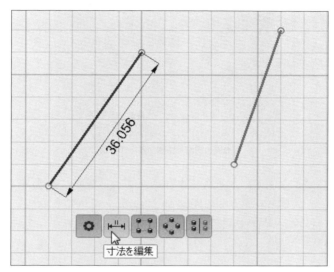

2本の「仲間の線」を「寸法を編集」で操作

　この状態で、線の最下部にマウスカーソルを移動すると、小さい「丸印」が「ハイライト」表示になります。この「丸印」をクリックしてください。

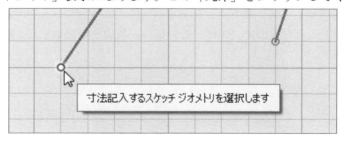

小さい丸印

　続いて、もう一方の線の最下部にマウスを近づけると、こちらにも小さい「丸印」が出てくるので、クリックしてから、マウスを少し下に移動してみましょう。
　すると、「2点間の横方向距離」が表示されます。

　この状態で、距離を示す「黒い矢印」の部分をクリックしてください。
「距離入力」のダイアログが表示されます（下の図では「40mm」と表示）。

第4章 「スケッチ」を使う

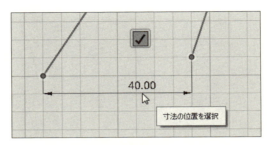

2点間の横方向距離が表示される

　今回は数値を変えずに、そのまま「エンター」を押します。
　すると、2つの線の横方向の距離が「40mm」で固定されて、距離の表示が「青っぽく」変わります。さらにもう1回「エンター」を押して、確定します。

＊

　続けて、縦方向についても拘束をかけてみます。

　同じように「歯車マーク」から「寸法を編集」を選び、2本の線の下端の白丸を順にクリックします。
　その状態でマウスを横方向に移動すると、こんどは「2点間の縦方向の距離」が表示されるので、先ほどと同様に、数値を変更せずに、そのまま確定します。

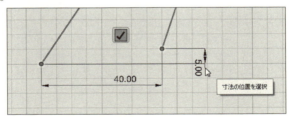

2点間の縦方向距離が表示されたところ

＊

　「拘束」がかかったかどうか、マウスで操作して確かめてみましょう。

　それぞれの線の上端の点は、何の拘束もしていないので、上端の位置や線の長さは、マウス操作で片方で自由に変えることができます。

[4-12] 「スケッチ」の再編集

一方、「拘束」をかけた「線の下側」の部分をマウスでドラッグすると、両方の線の「下側の端」が、拘束に指定した位置関係を保って、同時に移動します。

■「寸法を編集」の使い方② 線の長さ

「線の長さ」にも拘束をかけることができます。
ただし、「線の長さ」に拘束をかける場合、拘束できるのは、「グリッドに投影される長さ」です。

*

たとえば、斜めの線を描いたとします。
線をクリックして、「歯車マーク」から「寸法を編集」を選び、改めて線をクリックします。
この状態でマウスを上下左右に移動してみると、グリッド線の向きに合わせて、「寸法表示」の矢印と数値が表示されます。

「矢印」をクリックすると、数値入力用のダイアログが表示されるので、ここに長さを入力すると、線の長さ（をグリッドに投影した長さ）を固定できます（図では、線の横方向の長さを「30mm」に固定）。
同様に、縦方向も指定できます。

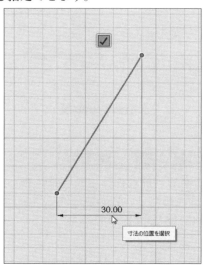

斜めの線に「長さの拘束」をかける

第4章 「スケッチ」を使う

■「寸法を編集」の使い方③　「円」や「楕円」の直径

「円」や「楕円」の直径（短径／長径）も、「寸法を編集」で指定し直すことができます。

*

「寸法を編集」をクリックしてから、「円周」の線をクリックすると、直径を表示する「黒い矢印」が表示されます。

「黒い矢印」をクリックするとダイアログが表示されるので、直径を指定してください（「楕円」の場合は、「短径」「長径」を指定します）。

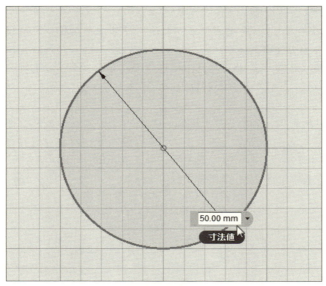

「円の直径」を再編集

■「寸法を編集」の使い方④　角度

2本の線の角度を、常に一定に保つように拘束することもできます。
この場合、2本の線は接している必要はなく、離れた2本の線同士でも、角度で拘束をかけることができます。

*

次の図のように、2本の線が描かれているとします（これら2本は「同じ仲間」として描きます）。

[4-12] 「スケッチ」の再編集

　片方の線をクリックして、「歯車マーク」から「寸法を編集」を選び、この状態で2本の線を順にクリックすると、これら「2本の線が成す角度」が表示されます。

　マウスをあちこち動かすと、どの角度（4通りある）を操作するかが切り替わり、「左クリック」で操作する角度を決定します。

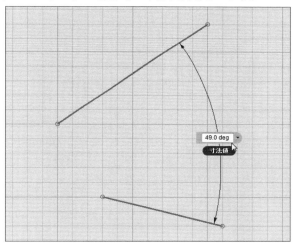

角度の拘束例①

　この角度表示の「黒い矢印」をクリックすると、角度入力の「ダイアログ」が表示されるので、角度を入力してエンターを押し、もう一度押して確定します。
　これで角度が拘束されます。
　片方の線の一端をマウスで操作して、長さや方向を変形させても、2本の線の間の角度は、常に設定した角度が維持されます（逆に、他のパラメータは変動します）。

第4章 「スケッチ」を使う

■「幾何拘束」と「再編集」について

「寸法を編集」は、もともと「幾何拘束」を行なうための機能です。

しかし、「123D Disign」では、点の座標や線の長さ、角度を「数値入力で再編集」する機能が搭載されておらず、またこのあたりの機能の切り分けも明確ではないので、「寸法を編集」の「幾何拘束」機能を使って「再編集」をしているとも言えます。

「123D Design」では、これらの「点と点」「線の長さ」「角度」の「幾何拘束」を使って、複数のスケッチ間の「位置」や「角度」を明示的に指定することで、複雑なデザインも正確に造型できるようになります（複雑な図形を正確に描く場合の、必須機能とも言えます）。

*

なお、「幾何拘束」が自動的にかかってしまうケース（たとえば、グリッドに水平（垂直）な線を描くと、水平（垂直）の「自動拘束」がかかる）で、「幾何拘束」を解除する機能は、現バージョンでは搭載されていません。

そのため、意図通りの再編集ができない場合もあるかもしれないので、注意してください。

ドリル

「寸法を編集」で「幾何拘束」をかけてみましょう。

①「ビュー・キューブ」で「上」をクリック。
②図のような配置で、直線を2本描画（2本を仲間として描画）。
③右側の線をクリックして、「寸法を編集」を選択。
④線の上端と下端の小さい「丸印」を順にクリック。
⑤マウスを右に動かすと、線の「縦の長さ」が表示されるので、「40mm」を入力して、「エンター」で確定。
⑥再度、右の線をクリックして、「寸法を編集」を選択。
⑦右の線と左の線を順にクリック。
⑧角度表示が出たら、「編集エリア」を左クリックしてから、角度表示の矢印をクリック。

⑨角度に「30度」を指定して、「エンター」で確定。
⑩再度、右の線をクリックして、「寸法を編集」を選択。
⑪両方の線の下端の小さい「丸印」を順にクリック。
⑫横方向の距離を「20mm」に拘束して、確定。
⑬左右の線をマウスで操作したり、「移動/回転」で移動してみて、拘束のかかり方を確認。

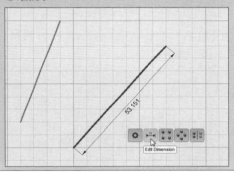

4-13　「立体造型」と「三面図」

■「3D-CG」と「機械設計」の対比

　一般的な「機械設計」では、部品を作るときに、まず「製図」を行ないます。

　もちろん、「123D Design」を使う場合、いちいち「製図」を行なう必要はなく、いきなり画面に向かって立体物を描いても、問題ありません。
　ただし、機械的なものを作る場合は、少しだけ「製図」の考え方を意識しておくと、作りやすくなります。

＊

　次の節で「3D CADソフト」と「3D-CGソフト」の違いについて、改めて触れますが、「生物的な曲面で構成される3D-CG」と異なり、「3D-CAD」のソフトを利用する目的のひとつは、「正確な寸法の立体物を造型」することにあります。

　本書では深くは扱いませんが、「製図」の"せ"の字を少しだけ意識す

第4章 「スケッチ」を使う

ることが、特に「機械的なもの」を「正確な寸法」で作る際のコツになります。

■「三面図」と「123D Design」

たとえば、機械などを格納する「箱型」のものを作りたい場合を考えてみます。

このような箱は「格納する中身」に合わせて、「形状」や「寸法」を正確に合わせて作る必要があります。

中身の「形状」と「サイズ」に合わせて作られた、箱型の例

このような場合、「斜めから見た図」よりも、「三面図」(第三角法) のように90度単位の方向から見た図のほうが、正確な位置決めがしやすくなります。

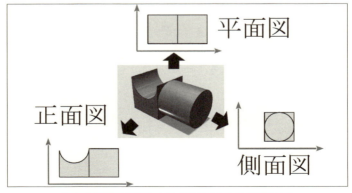

「三面図」(第三角法)による、「平面図」「正面図」「側面図」

[4-13] 「立体造型」と「三面図」

*

「123D Design」では、事前に紙で製図しなくても、「三面図」の表示に類する機能があります。**第2章**で触れた「ビュー・キューブ」(View Cube)です。

「ビュー・キューブ」で、見え方を「正射影」(Orthographic)に設定して、「上」「前」「右」をクリックしたときに見える図が、それぞれ「平面図」「正面図」「側面図」に相当します。

特に、機械を格納する「箱型」のようなものを作る場合、最も特徴的な形となる向きである「平面図」(上から見た図)の表示にすると、編集しやすくなります。

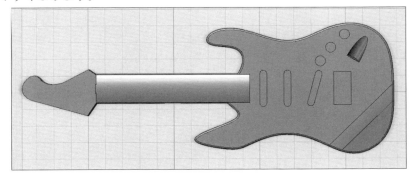

「平面図」で表示したギター

スケッチを描く際、グリッド上では交点でスナップが働きます。

また、細かい位置調整は「移動/回転」機能で数値指定でき、もっと細かく調整したい場合は、「幾何拘束」(寸法を編集)を利用することもできます。

これらを踏まえて、「三面図」を意識して立体物を作れる流れを説明します。

■「三面図」を使った立体物作成の流れ

　例として、「平面図」(「ビュー・キューブ」の「上」をクリックで表示)を使ってスケッチを描き、「箱」の形状に仕上げる過程を見ていきましょう。

*

　まず、「ビュー・キューブ」で「正射影」を選択し、「上」をクリックして「平面図」表示にしておきます。

　スケッチ機能で、「底板となる面の形状」「側面となる部分の厚み」「ネジ穴や軸受けの穴」「台座や支柱」などの位置関係を正確に設定し、上から見た図（平面図）で描きます。

　外壁は、「スケッチ四角形」で描いてから、「スケッチ・フィレット」で丸め加工し、内壁は、肉厚のぶんだけ「オフセット」で内側にズラしています。

　ネジ穴は「スケッチ円」、台座部分は「スケッチ四角形」を使っています。

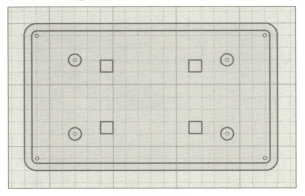

「平面図」で描いた箱

　これらの位置関係を正確に描くには、「長さスナップ」機能や「角度スナップ」機能、「幾何拘束」機能を、有効に活用します。

　また、この後に「押し出し」などを使って「平面図」から「側壁」を立ち上げたり、「底面」に穴をあけたりする必要があるので、これらはすべて「仲間の線」として描きます。

*

　「平面図」を描いたら「押し出し」や「スイープ」で、「底板」や「側面の板」の高さに押し出したり、「ネジ穴」に穴あけをしたり、「台座」を出っ

[4-13] 「立体造型」と「三面図」

張らせたりといった加工をします。

　加工の際は、「ビュー・キューブ」で「平面図」から「ホーム」などの見やすい角度に視点を移動し、表示も「パースビュー」に変えておくといいでしょう。

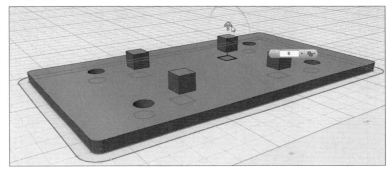

スケッチから「押し出し」などで立体化する過程①

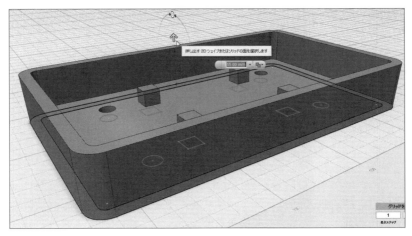

スケッチから「押し出し」などで立体化する過程②

第4章 「スケッチ」を使う

■「投影」(Project)機能でスケッチを投影

　「押し出し」で「平面図」から立体を立ち上げた後、その側面に「穴あけ」や「エンボス加工」などが必要な場合もあります。
　「製図」の場合は、側面に行なう加工は、「正面図」や「側面図」に描きます。

　「123D Design」では、「ビュー・キューブ」で「正面図」や「側面図」に切り替えてから、「ネジ穴」や「取り付け穴」など、必要な図形を描き込んで、「押し出し」などで「穴あけ」や「エンボス加工」を施すと、正確に描きやすくなるでしょう。

*

　立体の両側の同じ位置に「取り付け穴」を加工する例を考えてみます。
　このような場合、スケッチを両側に1つ1つ別々に描くと、手間がかかるだけでなく、作業ミスで「ズレた場所に描いてしまう」こともあるでしょう。

　しかし、「投影」機能を使えば、一度描いたスケッチを、他の面に「投影」するようにコピーできます。

「投影」のメニュー

*

　「スケッチ」→「投影」を選択してから、「投影する先の面」をクリックし、「投影する元の図形」(スケッチ)をクリックすると、図形が投影されます(投影先に、スケッチが描かれる)。

　投影する元となる図形は、スケッチで描いた「線」や、プリミティブをくり抜いた穴の「輪郭」などが利用できます。

　次の図は、先ほどの「箱」の片側に「円」を描いて穴空けし、面に「投影」機能で反対側の面にも同様に穴を空けた例です。

[4-13] 「立体造型」と「三面図」

　箱の反対側のちょうど同じ位置に、同じ形の「円」が描かれていることが分かります。

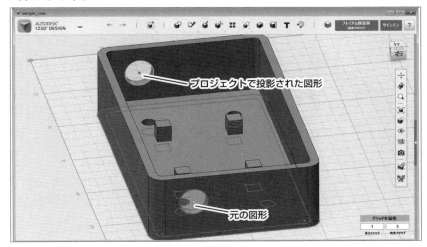

「投影」で投影したスケッチの例

　この図では、箱の手前側と奥側が「平行」になっています。
　平行の場合は、同形のスケッチを、別の面の同じ位置にコピー＆ペーストするイメージです。
　通常は、このように「平行な面」で使うことが多いと思います。
　　　　　　　　　　　　　　　＊
　なお、この例では同じ立体上の別の面に投影していますが、離れたところにある別の立体上に対しても投影できます。

　また、平行ではない面にも投影することもでき、その場合は「投影先の面に垂直」に投影されます。
（「押し出し」の場合、「投影元に垂直」な延長線で伸びていくのと比較してください）。

第4章 「スケッチ」を使う

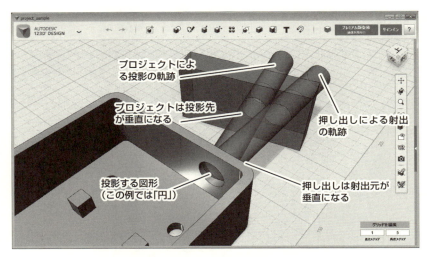

「投影」と「押し出し」の違い

「斜めの面」に「投影」で投影された「円」は、縦に少し細い形になります。
一方、「押し出し」で延長した円柱から投影される面は、横に少し広い形になります。

> **ドリル**
>
> 「三面図」を意識して、スケッチから箱型の立体を作ってみましょう。
>
> ①「ビュー・キューブ」で「上」をクリックして、「平面図」にする。
> ②「ビュー・キューブ」で「正射影」に切り替える。
> ③横100mm、縦75mmの「スケッチ四角形」（長方形）を描く。
> ④「スケッチ」→「スケッチ・フィレット」で、長方形の四隅を半径5mmで丸める。
> ⑤「スケッチ」→「オフセット」で、長方形の内側方向に、3mmオフセットした形を作る。
> ⑥4箇所に、ネジ穴用の「スケッチ円」を直径5mmで描く。
> ⑦4箇所に、台座用の「スケッチ四角形」（正方形）を、一辺5mmで描く（ここまでが「平面図」での作業）。

[4-13] 「立体造型」と「三面図」

⑧「ビュー・キューブ」で「ホーム」マークをクリックして、視点をホームポジションにする。
⑨外枠の壁を、「押し出し」を使って、25mm立ち上げる。
⑩底板を、「押し出し」を使って3mm持ち上げる。
⑪台座用の正方形を、それぞれ「押し出し」で5mm持ち上げる。
⑫「ビュー・キューブ」で「右」をクリックして、「側面図」にする。
⑬側面に、「スケッチ円」で直径10mmの円を描く。
⑭この円を「押し出し」で1mm押し込んで、エンボス加工を施す。
⑮「スケッチを非表示」でスケッチを不可視にしてから、いろいろな方向から全体を眺める。

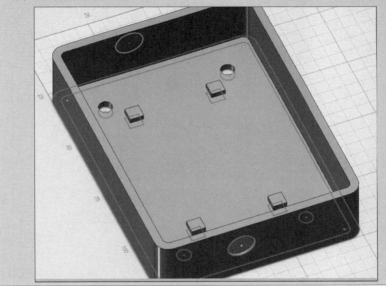

第4章 「スケッチ」を使う

 スケッチにおける「方向再設定」機能について

　「移動/回転」のダイアログで表示される「方向再設定」機能は、プリミティブ（立体物）では、主に「移動や回転の座標軸」を変えるものとして説明しました。

　しかし、スケッチ（線や面で描画したもの）では同じ「移動/回転」の「方向再設定」機能について、移動や回転の基準点や向きを、細かく調整するための機能として利用できます。

　たとえば、編集画面上に、「ポリライン」で斜めの線を1本引いてみてください。

　そして「移動/回転」でその線を選択してから、ダイアログで「方向再設定を開始」を選びます。

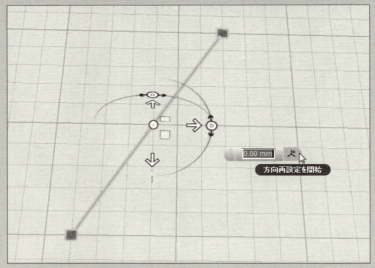

「ポリライン」に「移動/回転」を適用して、「方向再設定を開始」を表示

　この状態で、マウスを線の上で移動してみると、「マニピュレータの方向を変更するオブジェクトを選択します」（Select object(s) to reorient manipulator）という薄緑色表示に合わせて、移動用の「矢印」や、回転用の「輪のマーク」も「ポリライン」の上を移動することが分かります（プリミティブでも同様に移動します）。

[4-13]「立体造型」と「三面図」

次の図は、斜め線の下端に基準点を移動したところです(「方向再設定を停止」の操作を忘れずに行なってください)。

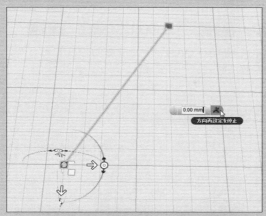

「方向再設定を停止」で、基準点を斜め線の下端に設定

＊

　回転の「輪のマーク」は、回転の中心になる位置なので、「移動/回転」で回転する際の回転中心を、正確に指定する上で重要です。

　この例では、基準点を同じ線の下端に設定しましたが、他の線や、他の立体物上に設定することもできます。
　他の立体物やスケッチの向きに合わせて移動したい場合や、回転したい場合には、「方向再設定を開始」をクリックしてから、その立体の「辺」などをクリックすることで、簡単に向きや回転軸を設定できます。

　また、他の立体やスケッチに合わせるだけでなく、「他の立体の角度から15度ズラした方向に移動する」といった指定も可能です。

　スケッチで「移動/回転」による移動や回転を使う際は、「幾何拘束」と併せて、「方向再設定」機能を使い慣れておくと便利です。

4-14 「スケッチ」を使った複雑な立体

■「3D-CG」と「機械設計」の対比(曲面の造型)

「123D Design」は「3D CADソフト」なので、どちらかと言えば「機械」のような立体物を造型することに向いています。

一方、「3D-CGソフト」では、生物などの曲線を帯びた造型に向いています。

また、プリミティブの立体に対して、粘土を手で加工するような編集機能を搭載しているものも多く存在します。

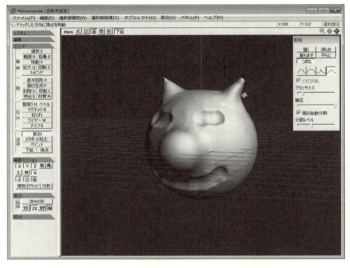

3D-CGソフト「Metasequoia」の編集画面

「3D CAD」と「3D-CG」のソフトは、それぞれ目的に合わせて使い分けることができます。

しかし、「3D CADソフト」でも曲面を思うように描くことができれば、造型の自由度が高くなります。

*

もちろん「3D-CGソフト」のような、有機的な曲面は困難ですが、「123D Design」でも、自動車のボディのような曲面を造型する方法があります。

[4-14] 「スケッチ」を使った複雑な立体

ひとつは、すでに触れた「ロフト」です。
そして、もうひとつの方法として、「面を分割」(Split Face)を使う方法を解説します。

■「面を分割」「スプライン」「スイープ」を使った曲面加工

「面を分割 + 押し出し」や、「ソリッドを分割」では、「かまぼこ状」のように「断面が一定の形状」(柱状)の造型ができることを説明しました。
この「面を分割」に、「スプライン」と「スイープ」を組み合わせると、「3次元的に曲面が変化する立体」を作ることができます。

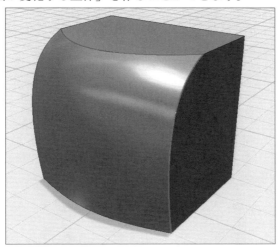

「面を分割 + スプライン + スイープ」の例

「面を分割 + スプライン + スイープ」で、曲面を作り出すには、以下のような流れで加工をします。

①「面を分割」で上の面に「曲線の切り込み」を入れる。
②「スプライン」で側面に曲線の「パス」を描く。
③「面を分割」で切り分けた面を、曲線の「パス」に沿って、「スイープ」(切除モード)でカット加工する。

第4章 「スケッチ」を使う

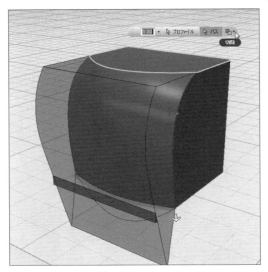

複雑な曲面カットの例

> ※「パス」に指定する曲線は、あまり曲がり具合がきつくないものにしてください。きつく曲がる曲線の場合、「操作が無効です」となることがあります。

＊

　「面を分割」と「ロフト」、それぞれで曲面を作るときの「造形の自由度」「正確さ」「制約事項」などは異なります。
　どのような立体を作るかによって、「ロフト」と「面を分割」を使い分けたり、組み合わせたりして、希望する曲面の立体を造型してください。

[4-14] 「スケッチ」を使った複雑な立体

ドリル

「面を分割」「スプライン」「スイープ」を組み合わせてみましょう。

① ボックスを配置。
② 上面に「スプライン」で曲線を描いて、「面を分割」で切込みを入れる。
③ 側面に「スプライン」で曲線を描く（上下に少し余裕をもって、長めに描いておく）。
④ 「スイープ」を選択し、「プロファイル」に「切り落としたい側の面」を、「パス」に「側面に描いた曲線」を指定。
⑤ 「ダイアログ」から「切除」を選んで、確定。
⑥ 「切除」で削除し損ねた部分が残った場合は、「Del」キーを使って削除。

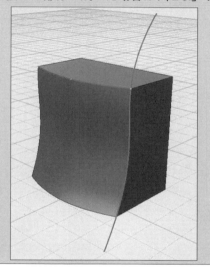

附　録

[附録A]	少し複雑な編集の操作方法
[附録B]	「3Dプリンタ」で出力する際の流れ
[附録C]	「CNCフライス」で出力する際の概要
[附録D]	「3Dプリンタ用素材」の種類と特徴
[附録E]	扱うファイルと関連ソフト
[附録F]	ショートカット一覧

附録A　少し複雑な編集の操作方法

■複数の「面」「辺」「点」を選択する操作

　第3章の「シェル」の解説で、円柱の両側の「円」を選択した状態で「シェル」を行なうと、「ちくわ」のように穴が貫通した立体を作れることに触れました。

　「シェル」で「複数の穴」がある立体を作る場合は、円柱の両側の「面」を同時に選択しておかなければなりません。
　また、一度に複数の「辺」を選択して「フィレット」を行ないたい場合も、同時に複数の辺を選択しておく必要があります。

　ここでは、この複数の「面」「辺」「点」を選択する操作方法について、解説します。

＊

　例として、立方体の2つの「面」を選択してみましょう。

　まず、「編集エリア」に「ボックス」(立方体)を配置しその「ボックス」のところにマウスカーソルを移動して、上面をマウスの「左ボタン」で長押しします。

　すると、「レ点」マークと、「面」と書かれたドロップダウンがいくつか表示されます。
　マウスカーソルの位置によっては、「エッジ」や「頂点」も表示されることがあります。

　このドロップダウンに表示されている「面」というのは、「操作者の目線」と「マウスカーソル」を結んだ線が射抜いているすべての「面」を、手前から順に表示しています。

> ※複雑な形状の場合は3個4個…とたくさん表示されます。
> なお、「辺」が含まれる位置にマウスカーソルがある場合は「エッジ」が、「点」が含まれる場合は「頂点」が、それぞれドロップダウンに表示されます。

【附録A】 少し複雑な編集の操作方法

長押ししてドロップダウンを表示

「レ点」をクリックすると、「面/辺/点の選択」モードになります。

この状態で、「Ctrl」キー、もしくは「Shift」キーを押しながら、複数の面を順にクリックしていくと、複数の面を選択できます（辺や点も、同様に操作できます）。

例として、立方体の上面と手前の2つの面を選択して「シェル」を適用すると、2つの面をくり抜いた形状の立体になります。

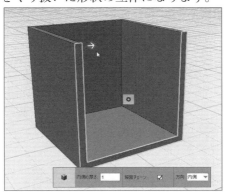

上面と手前の面を選んで「シェル」を適用

また、**第3章**の「ロフト」で触れた「面の選択」を行ない、そのまま「Ctrl」キーを押しながら対象の面を順々にクリックしていく方法でも、複数面の選択ができます。

好きな方法を選んで操作してください。

■グリッド面で反転する操作(鏡面移動)

　立体物をグリッド面に配置した状態で、その立体を「左クリック」で選択し、「スペースキー」を押すと、グリッド面を境にして、ちょうど反対側に鏡面移動します。

　グリッド面を中心にして、上下に対象な立体を作る場合などに利用できます。

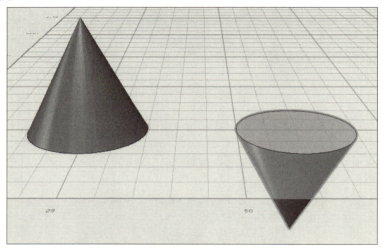

グリッド面で反転した例(右側の円錐)

■「.SVG」ファイルの読み込み

　「.SVG」ファイルは、「Inkscape」や「Libre Office Draw」といったドロー系など、数多くのグラフィックソフトで作ることができるデータ形式で、画像データを「ドットイメージ」ではなく、「ベクターデータ」の形で収録したファイルです。

　「123D Design」のスケッチ機能で描く図形も、「縁」の部分は「ベクターデータ」の一種なので、読み込んだ「.SVG」のデータは、スケッチで描いた図形と同様に、「スケッチ・フィレット」などの加工が可能です。
　また、「押し出し」の押し出しなどで、立体化することもできます。

[附録A] 少し複雑な編集の操作方法

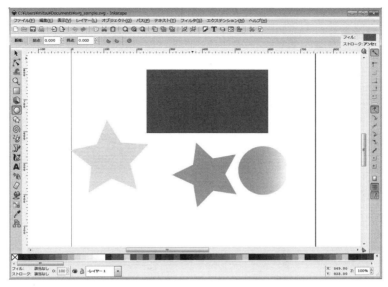

「Inkscape」でベクターデータを描いた例

＊

　読み込みは、立体物の編集中などに、「インポート…」→「SketchのSVG」で、ダイアログからファイルを選択すると、現在編集中の画面に追加する形で読み込まれます。

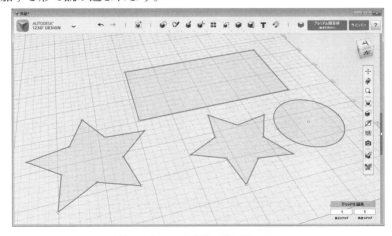

「.SVG」ファイルを読み込んだところ

その際、「.SVG」データの図形の寸法に合わせて読み込まれるので、データを用意するときに、あらかじめ寸法も意識しておくといいでしょう。

＊

「インポート…」→「ソリッドのSVG」とすると、読み込む時点で厚みをつけて、「立体物」として読み込むこともできます（現状では、厚みは固定値になっています）。

附録B 「3Dプリンタ」で出力する際の流れ

■「3Dプリンタ」を使った出力の流れ

「123D Design」で作った立体物のデータを「3Dプリンタ」で出力するときの流れは、以下のようになっています。

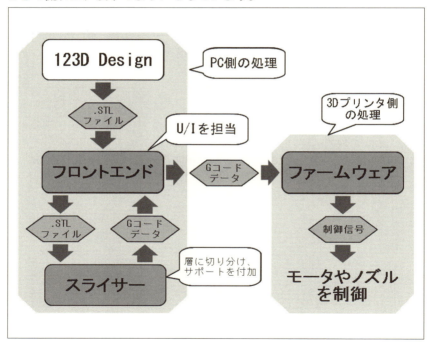

「STL」から立体物出力までの流れ

[附録B] 「3Dプリンタ」で出力する際の流れ

①「123D Design」の「2Dでエクスポート…」→「SVG」で、「.STL」形式のファイルを出力。
②**「フロントエンド」**が、3Dプリンタ出力用の「.STL」ファイルを入力。
③「フロントエンド」は、出力可能なデータかどうかをチェック。
④「フロントエンド」が、**「スライサー」**にデータを引き渡す。
⑤「スライサー」が、立体データを「層」に切り分け、必要な部分には**「サポート構造」**を付加。
⑥「層」になったデータを元に、「立体表面」だけでなく、内部の**「充填密度」**も考慮して、プリンタヘッドをどのような軌跡、速度で動かすかを決めて、**「Gコード」**を生成。
⑦「Gコード」データを「フロントエンド」に返す。
⑧「フロントエンド」は、必要に応じて、「Gコード」の軌跡をグラフィック表示したり、出力予想時間などをユーザに還元する。
⑨「フロントエンド」から、「Gコード」のデータを**「ファームウェア」**に引き渡す。
⑩「ファームウェア」は「Gコード」を解釈し、機器固有の仕様に換算。そしてモータの回転角や回転速度を調整し、立体物を出力。

■用語説明

●フロントエンド

主にユーザーインターフェイスの中心となる部分です。
「出力するデータファイルの選択」「出力可否のチェック」「仕上がりイメージや出力途中の予想図の3D-CG表示」「立体物内部やサポート構造の調整」「出力時間や利用するフィラメント量の試算結果の表示」といった機能を受けもちます。

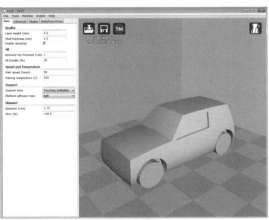

「フロントエンド・ソフト」の例
(Utlimaker社「Cura」)

附録

●スライサー

　立体物のデータをたくさんの「層」に切り分け、その一層一層を出力するためのプリンタヘッダの「通り道」を計算し、「Gコード」として出力します。

　その際に、オーバーハングがある立体物には自動で「サポート構造」を付加したり、内部の密度を調整する、といった調整機能も受けもちます。

「スライサー」が生成したスライス結果を、「cura」で表示

●サポート構造

　立体物を層にしたデータを、「FDM式の3Dプリンタ」でそのまま出力すると、オーバーハング（下に何もない）している部分では、樹脂が重力で落ちてしまいます。

　また筒状の立体や、自動車の模型などでは、底面に当たる部分が「輪の形」や「タイヤの底面」など小さい面積となるため、そのまま出力すると3Dプリンタの「ヒートベッド」部分から剥がれやすく、出力を失敗することがあります。

　これらを避けるために、「スライサー」は、空中物を下から支える「支柱」（「オーバーハング」を支える）や、「ヒートベッド」に固着しやすくするための「raft（いかだ構造）」「brim（縁、帽子のつば）」といった「サポート構造」を付加した状態で「Gコード」を生成し、出力後にこの「サポー

[附録B] 「3Dプリンタ」で出力する際の流れ

ト構造」を取り除いて、目的の立体物を得ます。

　「サポート構造」の「形状」「太さ」「密度」は、利用する「スライサー」のソフトによって特徴があり、同じ「.STL」データでも、「スライサー」ごとに出力される「Gコード」は大きく異なります。
　そのため、取り外しやすさ、仕上がりの綺麗さ、使う材料の量などを考慮して「スライサー」を選択します。

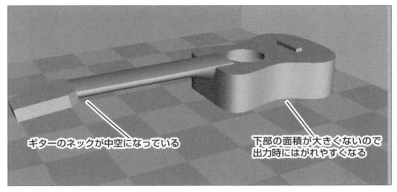

元の立体(ギターの「.STL」データの3Dイメージ)

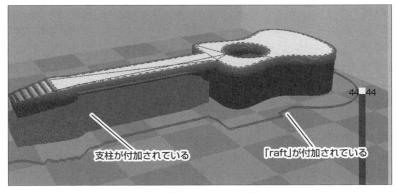

「スライサー」が生成した「raft」や「支柱」の例

●充填密度

「3Dプリンタ」で出力する立体物は、一般にその内部を樹脂で完全に充填する必要はなく、通常は強度が保てる範囲で中抜き（メッシュ構造など）して、使う材料を減らしたり、出力時間を短くするといった工夫が行なわれています。

「フロントエンド」の画面で指示した充填密度に合わせて、強度や構造を踏まえた内部構造を「スライサー」が「Gコード」で表現します。

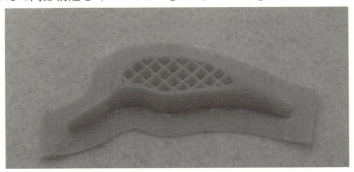

立体内部の充填イメージ（メッシュ構造の例）

●Gコード

「3Dプリンタ」や「CNCフライス」など、「CNC」(Computer Numerical Control) で制御を行なう「CAM」(Computer Aided Manufacturing) 機器では、立体データの数値情報を基に、ヘッドの位置や移動速度などを正確に制御します。

「Gコード」は、ヘッドをどのように制御するかを指定する「コマンド・データ」です。

「.STL」データは、寸法や形状を示す「静的な状態」なデータなのに対し、「Gコード」は、ヘッド位置の経路や移動速度など「動的な状態」を表わすデータになっています。

●ファームウェア

「Gコード」を元に、モータの回転角や速度を正確に制御するソフト。

「Gコード」は、ヘッドをどの「位置」にどのくらいの「移動速度」で動かすのか、といった「抽象データ」なので、機器内部のギヤ比やモータ

のスペックといった固有の事情を加味して、モータ制御の信号という「具体的なデータ」に変換しています。

■「3Dプリンタ」による出力の特徴

「3Dプリンタ」は、次で触れる「CNCフライス」と異なり、「層」に切り分けて造型するため、基本的にどのような形状でも出力が可能です。

また、「スライサー」「ファームウェア」「フロントエンド」といった各CAM（Computer Aided Manufacturing）ソフトごとに機能を分担しやすくなっています。

そのため、個人向け「3Dプリンタ」では、通常、たくさんのソフトから、出力目的（速度、品質、分かりやすさなど）に合わせて、都合の良いソフトを組み合わせることができます。
（ただし、あらゆるソフトが組み合わせ可能なわけではありません）。

「フロントエンド」「スライサー」については、代表例を**附録E**に挙げます。

「ファームウェア」は、通常は「3Dプリンタ」内部にあらかじめ書き込まれた状態で流通していますが、オープンソースとして公開されているものもあります。

附録C 「CNCフライス」で出力する際の概要

■「CNCフライス」の特徴

「CNCフライス」は、「木材」や「金属」などの素材から、不要部分を削り落とすことで、立体物を造型します。

材料を切削して造型する機器には、「CNCフライス」「CNC旋盤」「マシニングセンタ」などがあります。

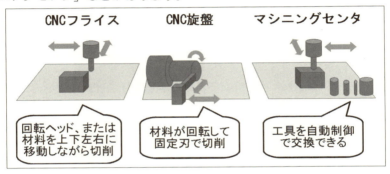

「CNCフライス」の造型イメージ

(a)「X-Y-Z軸方向への移動」や「A-B-C軸の回転」といった「稼動部分の実装方法」、(b) 回転するのが「ヘッド」側か「材料」側か、(c) 自動で「工具」（切削ビット）を交換可能かどうか——といった点で、制御方法が多少異なります。

ただ、ここではこれらを区別せず、総称して「CNCフライス」と呼ぶことにします。

> ※一般に、回転しない材料を回転刃で切削するのが「CNCフライス」、回転する材料を削って加工するのが「CNC旋盤」、それらに「ATC」(Auto Tool Changer：自動工具交換装置)を搭載したものが「マシニングセンタ」と呼ばれますが、厳密な境界はないようです。

[附録C] 「CNCフライス」で出力する際の概要

■「CNCフライス」による加工の制約

個人所有できるデスクトップサイズの「CNCフライス」は、「X-Yテーブル＋ヘッドの上下動（Z軸）」や、「テーブルのY軸＋ヘッドのX軸およびZ軸」といった、「3軸制御」のタイプが多いと思います。

「CNCフライス」で加工する場合、形によっては、「削り残したい部分」と「切削ビットの移動」が干渉する場合や、深過ぎる穴のように「ビットが届かない」部分の加工はできません。

特に、「3軸」タイプの「CNCフライス」では、加工できる形状に大きな制約があります。

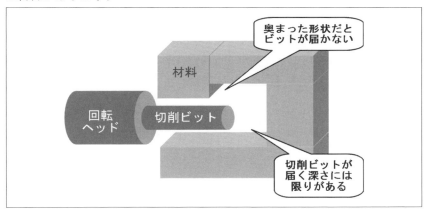

ビットが届かないような加工の例

> ※「CNCフライス」は、造型できない形状があるという点で、「3Dプリンタ」と異なります。
> 　「3Dプリンタ」は、たくさんの「層」に切り刻んで、それらを重ねるという造型方法なので、基本的にどのような形状でも作れます。

■「CNCフライス」による加工の流れ

「CNCフライス」加工では、「専用CAMソフト」を使って、立体データから「Gコード」(NCコード)に変換し、「CNCフライス」内蔵の「ファームウェア」でモータを制御します。

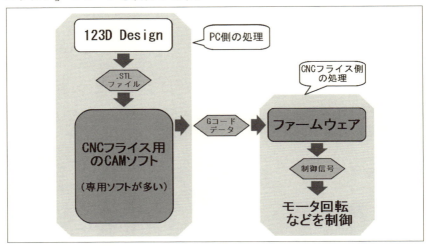

「CNCフライス」加工の流れ

その際に、入力した立体データ(「.STL」ファイル)を、全自動で「Gコード」に変換できるとは限りません。

先ほど触れたような「加工できない形状」になってないか事前にチェックしたり、行程の順序によって「削り残した部分と工具が干渉しないか」といった確認が必要です。

そのため、(a) 場所ごとに「加工の順序」を調整したり、(b) 荒削りと仕上げ加工での「切削ルート」や「工具選択」の指定、(c)「切削ビットの回転方向」と「切削ルートの巡回方向」(外周は反時計回り、内周は時計回りに切削)の指定――など、事細かな調整が必要になる場合もあり、「Gコード」を手動で調整することもあります。

[附録C] 「CNCフライス」で出力する際の概要

「荒削り」と「仕上げ」のイメージ

■「CNCフライス」による加工の自由度

造型できる自由度は、「CNCフライス」が搭載している機能によって異なります。

たとえば、「X-Y-Z軸」方向の3軸だけで制御するものより、「X-Y-Z軸＋回転角（A-B-C軸の回転）」の制御ができる6軸など、多軸タイプのほうが、自由度の高い加工ができます。

> ※「X軸」方向を軸に回転する円形動作の制御を「A軸」、同様に「Y軸」方向を「B軸」、「Z軸」方向を「C軸」と呼びます。
> 　「X-Y-Z軸」が「移動量＝距離」の制御に対し、「A-B-C軸」は「回転角＝角度」の制御します。
> 　その際、「切削ヘッド」「素材」のどちらを回転させるかは、機器によって異なります。

■「CNCフライス」用の制御ソフトについて

「MACH」「G-Simple」のような、汎用の「CAMソフト」「CAD/CAMソフト」も存在しますが、機器ごとに搭載されている機能が異なるため、機器固有の「専用CAMソフト」や「専用CAD/CAMソフト」が用いられるのが一般的です。

「CNCフライス」の「CAMソフト」は、通常、「3Dプリンタ」で見られた「フロントエンド」「スライサー」のように機能分担されておらず、機種に合わせた「Gコード」（NCコード）を直接出力します。

附録D 「3Dプリンタ用素材」の種類と特徴

「3Dプリンタ」の加工方法は、大別すると「FDM（熱溶解積層方法）」「粉末加工」「光造形」に分けられます。

「3Dプリンタ」で使われる主な素材や加工方法について、その特徴をまとめます。

■ABS (Acrylonitrile Butadiene Styreneの合成樹脂)

加工方法は「FDM」で、家庭用3Dプリンタで使用可能。
「ABS樹脂」のフィラメントを熱で溶解させて造型します（要サポート構造）。

たくさんの色から選べて、フィラメントが比較的安価ですが、加熱時に臭いが生じます。

■PLA (ポリ乳酸)

加工方法は「FDM」で、家庭用3Dプリンタで使用可能。
「PLA樹脂」のフィラメントを熱で溶解させて造型します（要サポート構造）。

廃棄後に微生物で分解（環境負荷が小さい）でき、臭いは少ないですが、温度管理がシビアです。
「ABS」と共用で使うことが多く、高温に弱くノズル内部で焦げ付きやすいので、注意が必要です。

■その他樹脂(アクリル樹脂など)

加工方法は「FDM」で、各社3Dプリントサービスで利用できます（家庭用では皆無）。
「アクリル樹脂」や「ゴム」に近い素材、「透明な樹脂」など、用途に合わせて選択できる（要サポート構造）。

素材によっては、単価が高額になります。

[附録D] 「3Dプリンタ用素材」の種類と特徴

■石膏粉末

加工方法は「粉末加工」。
「石膏」(粉末)を平らに均し、水分や塗料、樹脂などを噴射して、1層ぶんの粉末を固化、さらに粉末を上に重ねて均し……という繰り返しで、層を積み重ねるように造型します。

噴射する液体の色を変化させることで、部分ごとに任意の着色が可能です。

■金属粉末(金、銀、チタンなど)

加工方法は「光造形」。
金属の粉末を平らに均し、レーザー光などで1層ぶんを焼結、さらに金属粉末を上に重ねて……という繰り返しで、層を積み重ねるように造型します。

「粉末冶金」のように、内部に「微小な空洞」(気孔)が生じます。
また、素材が比較的高価で、特に貴金属の場合は高額になります。

■光硬化樹脂

加工方法は「光造形」。
紫外線で固まる「液体樹脂」の表面に紫外線を当てて硬化させて1層ぶんを作り、それを1層1層積み重ねるように造型していきます。

素材や色が限定されるほか、素材自体も比較的高価です。

> ※粉末を使う方法(「石膏」や「金属粉末」)の場合は、粉自体がサポート構造の役割ももつため、出力後に不要な粉末を掃うだけですみ、サポート構造を取り外す際の跡が残りません。

> ※各素材の「強度」「色や透明度」「質感」「化学的耐性」「素材の単価」「入手性」「利用可能機器」「材料の接着剤使用可否」などを加味して選択します。

附録

「FDM」による出力例。左の立体を出力するために、右側のようなサポート構造が付加される

■「CNCフライス」で使う材料

「CNCフライス」の場合は、「切削ビット」が削れるものであれば、基本的には、ほぼすべての素材を加工可能です。

代表例としては、「木材」「アルミ」「鉄」「プラスティック」などが利用できます。

附録E　扱うファイルと関連ソフト

■「.STL」ファイル関係

　「.STL」ファイルは、立体物を小さな「三角形のポリゴンメッシュ」で表現するデータ形式です。
　「3Dプリンタ」の「フロントエンド」の入力としてだけでなく、「3D-CGソフト」でも汎用的に用いられるファイル形式です。

　「123D Design」の標準、かつ境界表現の形式である「.123DX」ファイルは、現状、他のソフトで編集することはできませんが、「.STL」ファイルであれば、対応した「3D-CG」系ソフトを使うことで再編集することも可能です。

　たとえば、「Blender」などの「3D-CGソフト」で、「.STL」ファイルを入力して編集できます。
　「Metasequoia」でも、プラグインを使うと「.STL」ファイルを扱うことが可能です。

＊

　また、「ビューア・ソフト」を使うと、「3Dプリンタ」で出力する前に「.STL」ファイルの形状にエラーがないことを確認してエラーを補修したり、複数のレンダリング方法での表示や、いろいろな方向から眺めた「スナップショット」画像を取得できます。

　「ビューア・ソフト」の代表的なものには、「meshlab」「netfabb Basic」などがあります。
　「meshlab」には、「.STL」→「.OBJ」への変換など、簡単なフォーマット変換機能もあるので、用意しておくと便利です。

■「.STP」「.STEP」ファイル関係

　「.STP」「.STEP」ファイル（STandard for the Exchange of Product model data）は、「境界表現」などの3Dデータが扱えるファイルです。
　「ISO 10303」で規格化されていて、ソフト間でデータの共有や交換ができるフォーマットとして作られました。

附録

このため、たいていの「3D-CADソフト」で出力できます（ただし、「3D-CADソフト」は多くのものが有料です）。

「FreeCAD」「SolidWorks」といった「3D-CADソフト」で、「.STEP」ファイルの入力、編集、出力ができます。

■「.OBJ」ファイル関係

「.OBJ」ファイルは、元々は「Wavefront社」の「Advanced Visualizer」というソフト用の形式で、「.STL」ファイルのように立体を「ポリゴンメッシュ」で表現します。

いろいろな「3D-CGソフト」で、汎用的に使われています。

「Metasequoia」「3ds Max」など、いろいろな「3D-CGソフト」で、「.OBJ」ファイルの入力、編集、出力ができます。

「meshlab」「netfabb Basic」といった「ビューア・ソフト」で表示することも可能です。

■「.SAT」ファイル

「.SAT」（Standard ACIS Text）は、「ACISソリッド・モデリングエンジン」を搭載したソフトで使う、「境界表現」形式の立体データ形式です。「ACISファイル」とも呼ばれます。

「AutoCAD」「Autodesk Inventor」「SolidWorks」などで、編集できます。

「Spatial Technologies社」（現在はダッソーシステムズの一部）が開発した形式で、多くの「CAD」「CAM」「CAE（Computer Aided Engineering）」のソフトで使われています。

「123D Design」でも、入出力が可能です。

■「.DWG」「.DXF」ファイル

「.DWG」は、Autodesk社のCADソフト「AutoCAD」用に作られた、2次元および3次元のCADデータを、ベクトル形式で扱うデータフォーマットです。

「.DXF」は、「.DWG」よりもファイル交換性を高めるために作られたファイル形式で、仕様が公開されており、デファクトスタンダードのフォーマットとして利用されています。
(ただし、多少方言があるため、ソフトによっては完全に再現されない場合もあります)。

■「.X3D」「.VRML」ファイル

「.VRML」は、Webブラウザなどで3D空間を表現するためのデータ形式として作られたフォーマットです。

そして「.X3D」は、これを元に機能拡張し、標準化されたものです。
内部形式は「XML」で記述されています。

■スライサー

「スライサー」は、「.STL」ファイルの情報を基に、「FDM式の3Dプリンタ」で出力する際の「サポート構造」を付加したり、指定された精度(積層のピッチなど)の「層構造」に分解し、「Gコード」を生成するソフトです。

「3Dプリンタ」は、動作原理や制御方法が「CNCフライス」と比べて比較的単純なので、「フロントエンド」や「スライサー」をある程度好みのソフトに切り替えて使うことが可能になっています。

*

主な「スライサー」を以下に挙げます。

・Skeinforge (http://reprap.org/wiki/Skeinforge)
　出力品質や設定の自由度で評価が高く、たくさんの「フロントエンド」で標準採用されているオープンソースの「スライサー」。
　「Pythonスクリプト」で記述されていて、動作が少し遅い。

・Slic3r (http://reprap.org/wiki/Slic3r)
　「Skeinforge」に比べて動作が軽く、使い勝手も容易な、オープンソースの「スライサー」。利用者が多い。

附録

- KISSlicer（http://kisslicer.com/）

　有料版は、マルチヘッドのプリンタでの出力に対応（無償版はシングルヘッドのみ）。

　出力の速さや、品質、見やすさ、解りやすさで好評価の「スライサー」。

- Makerbot Slicer（http://www.makerbot.com/support/makerware/documentation/slicer/）

　「Makerbot Industries 社」製のソフトである、「Makerbot Desktop」に組み合わされる「スライサー」。

- CuraEngine（https://github.com/Ultimaker/CuraEngine）

　蘭「Ultimaker社」製のソフトである「Cure」に組み合わされる「スライサー」。C++で記述されており、動作が速い。

■フロントエンド

　「フロントエンド」は、「.STL」ファイルを「スライサー」に渡したり、「スライサー」から返された「Gコード」データを「ファームウェア」に渡すソフトですが、それ以外にもいろいろな機能があります。

　たとえば、(a)「サポート構造」を付加した状態で立体物を3D表示し、仕上がりイメージをユーザに分かりやすく還元表示したり、(b) 出力に必要な残り時間をリアルタイムで概算表示したり、(c) 出力ノズルやヒートベッドなど温度センサの情報をグラフ表示する、などの機能も受けもっています。

＊

　主な「フロントエンド」を、以下に挙げます。

- Cura（https://ultimaker.com/en/products/cura-software）

　「Ultimaker社」の3Dプリンタ「Ultimakerシリーズ」用に作られた、オープンソースの「フロントエンド」。高速で、分かりやすい操作性が特徴。

　標準の「スライサー」は、以前は「Skeinforge」を「PyPy」という JITコンパイラで使っていたが、現在はC++で記述された、より速い「CuraEngine」を採用している。

[附録E] 扱うファイルと関連ソフト

・Printrun スイート/Pronterface（http://reprap.org/wiki/Printrun）

「Printrun」は、オープンソースのユティリティ・ソフトの一式（スイート）。オープンソース・ハードの3Dプリンタ「RepRapシリーズ」用に作られた。

この「Printrun」に含まれる、GUI系「フロントエンド」が、「Pronterface」。

標準の「スライサー」は「Skeinforge」。

・Repetier Host（http://reprap.org/wiki/Repetier-Host）

「RepRap」系の「フロントエンド」で、使い勝手の点で「Pronterface」より評価は高め。

ただし、「バージョン0.91」以降は、「クローズドソフト」となっている。

標準の「スライサー」は、「Slic3r」または「Skeinforge」。

・ReplicatorG（http://replicat.org/）

3Dプリント出力を身近にすることを目指して作られた、「RepRap」系のオープンソースの「フロントエンド」。幅広いファームウェアと接続できる。

標準の「スライサー」は「Skeinforge」（現在はメンテナンスされていない）。

・Makerbot Desktop（http://www.makerbot.com/desktop）

米「Makerbot Industries社」製で、現在メンテナンスが止まっている「ReplicatorG」に代わり、「Makerbot」シリーズ用の公式「フロントエンド」となっている。無料だが、「クローズドソフト」となっている。

標準の「スライサー」は「Makerbot Slicer」。

※ここにあげた「フロントエンド」「スライサー」は、「Windows」「Mac」「Linux」で利用可能です。

なお、「ファームウェア」いろいろなものが公開されていますが、通常「3Dプリンタ」に内蔵されたものを本体と一緒に購入するので、「3Dプリンタ」を自作する人でなければ、直接ファームウェアに触ることはないでしょう。

附録F ショートカット一覧

Windows版における、キーボード、およびマウスでのショートカットを以下に挙げます。

ナビゲーション関係

センターボタン（スクロールホイール）のドラッグ	画面移動（ナビゲーション・バーの「画面移動」と同様）
右ボタンのドラッグ	オービット（ナビゲーション・バーの「オービット」と同様）
スクロールホイールの回転	ズーム（ナビゲーション・バーの「ズーム」と同様）
F	すべてのオブジェクトを表示するように画面位置を調整

「移動/回転」機能関係

左ボタンでドラッグ	パーツをグリッド上で移動
Shift + 左ボタンでドラッグ	パーツを、グリッド面によらず移動
パーツを選択して「X」	X軸で45度回転（「Shift + X」で逆回転）
パーツを選択して「Y」	Y軸で45度回転（「Shift + Y」で逆回転）
パーツを選択して「Z」	Z軸で45度回転（「Shift + Z」で逆回転）
パーツを選んで「スペースキー」	グリッド面で鏡面移動
パーツを選択して「D」	グリッド上に移動
パーツの面を選択して「D」	選択した面とグリッドが接するように移動
パーツを選択して「Shift+D」	グリッドの中央に配置
複数のパーツを選択して「I」	寸法情報を表示
「Shift」を押しながら、「移動」→「回転」	45度単位で回転
「Alt」を押しながら、「移動」→「回転」	15度単位で回転
カーソルキー押下（X軸：↑↓、Y軸：→←）	X軸、またはY軸方向に移動（スナップの単位は、ズームの位置によって異なる）

パーツの操作／変形関係

パーツ選択して「Ctrl+T」	移動と回転（Transform）
パーツ選択して「S」	縮尺変更（Scale）
「U」を押して、面選択	押し出し（Extrude）
「W」を押して、面とパス選択	スイープ（Sweep）
「V」を押して、面と軸選択	回転（Revolve）

[附録F] ショートカット一覧

面選択後に「P」	プレス/プル（Press and Pull）
[面／辺／頂点]選択後に「K」	ツイーク（Tweak）
「B」を押して、面とエンティティを選択	面を分割（Split Face）
エッジを選択後、「E」	フィレット（Fillet）
辺を選択して「C」	面取り（Chamfer）
「Alt+B」を押して、ボディとエンティティ選択	ソリッドを分割（Split Solid）
面選択後、「J」	シェル（Shell）
N	四角形パターン
「[」を押して、ターゲット、ソースを選択	結合（Combine）→マージ（Marge）
「]」を押して、ターゲット、ソースを選択	結合（Combine）→切除（Subtract）
「\」（バックスラッシュ）を押して、ターゲット、ソースを選択	結合（Combine）→交差（Intersect）
Shift + N	円形パターン
Alt + N	パス・パターン
Shift + P	オブジェクトを分離
Shift + M	オブジェクトを計測
T	テキスト（text）
R	ルーラー配置
A	位置合わせ
;	スナップ

その他の操作関係

Ctrl + N	新しいファイルを編集	Ctrl + T	トランスフォーム
Ctrl + O	ファイルを開く	S	スケール
Ctrl + S	ファイルを保存	Ctrl + B	スマート・スケール
Ctrl + A	すべて選択	Ctrl + Q	「123D Design」を終了
Ctrl + Z	やり直し	Ctlr + P	3Dプリンタに出力
Ctrl + Y	再実行	Windowsキー + ↓	ウィンドウを最小化
Ctrl + C	コピー	F1	ショートカット一覧の呼び出し（英文）
Ctrl + V	ペースト		
Ctlr + G	グループ	ESC	キャンセル/コマンドの終了
Ctrl + Shift + G	グループ解除		
パーツを選択して「Delete」	削除		

索 引

50音順

《あ行》

- あ アウトライン………………………………36
  - アカウント表示……………………………44
  - アトリビュート・マネージャ………23,43
  - アプリケーション・メニュー………22,24
- い 位置合わせ…………………………………72
  - 移動……………………………………………64
  - 移動/回転……………………………………64
  - インストーラ………………………………14
  - インストール………………………………11
  - インテリジェント・スナッピング………37
  - インポート…………………………………25
- え 遠近法………………………………………33
  - 円弧…………………………………………131
  - 延長…………………………………………165
  - 延長線………………………………………165
- お オービット…………………………34,56,61
  - 押し出し……………………………………77
  - オフセット…………………………………167
  - 折線……………………………………131,164

《か行》

- か 回転………………………………………64,89
  - 鏡合わせ……………………………………103
  - 角度スナップ………………………………38
  - 角度を測る…………………………………118
  - 画面移動…………………………………34,58
  - 画面構成……………………………………22
  - 関連ソフト…………………………………19
- き 幾何拘束……………………………………172
  - 起動画面……………………………………17
  - 基本設定……………………………………41
  - 鏡面移動……………………………………200
  - 曲線…………………………………………131
  - 曲面加工……………………………………193
  - 距離を測る…………………………………118
- く クイック・ディメンジョン………23,42,62
  - クイックスタートのヒント………………40
  - グリッド表示………………………………37
  - グリッドを編集……………………………39
  - くり抜き……………………………………99
  - グループ化………………………30,37,109
  - グループ化の階層管理……………………111
- け 計測……………………………………31,118

《さ行》

- 結合……………………………………30,111
- こ 構成…………………………………………29
  - コピーを保存………………………………25

《さ行》

- さ 座標形………………………………………135
  - サポート構造………………………………204
  - サポート・フォーラム……………………41
  - 三面図………………………………………182
- し シェル………………………………………99
  - 視線移動…………………………………32,61
  - 視点移動……………………………………55
  - 修正……………………………………29,151
  - 充填密度……………………………………206
  - 終了…………………………………………26
  - ショートカットキー…………………41,220
  - 新規作成……………………………………24
- す スイープ……………………………………86
  - ズーム…………………………………36,55,60
  - スクリーンショット………………………37
  - 図形の再編集………………………………171
  - 図形のパラメータを固定…………………172
  - スケール……………………………………67
  - スケッチ………………………28,37,48,128
  - スケッチ・フィレット……………………163
  - スナップ………………………23,31,37,51,115
  - スプライン…………………………………169
  - スマート・スケール………………………72
  - スマート回転………………………………75
  - スライサー……………………………204,217
  - 寸法を編集…………………………………173
- せ 正射影………………………………………33
  - 製図…………………………………………181
  - 生成方法……………………………………79
  - 線の平行移動………………………………167
- そ 送信先………………………………………26
  - 素材…………………………………………123
  - ソリッド……………………………………37
  - ソリッドを分割……………………………155

《た行》

- た 体積…………………………………………121
  - ダウンロード………………………………13
- つ ツイーク……………………………………83
- て テーパー角…………………………………78
  - テキスト文字………………………………160

索 引

と	投影	186
	動作環境	10
	トランスフォーム	27,64
	トリム	164

《な行》

な	長さスナップ	38
	長さを測る	118
	ナビゲーション・バー	23,34

《は行》

は	バージョン情報	41
	パースビュー	33
	パーツ・ビン	43
	掃き出し	86
	パス・パターン	156
	パターン	30,103,156
ひ	ビデオ・チュートリアル	41
	ビュー・キューブ	23,32
ふ	ファームウェア	206
	ファイルを開く	24
	フィット	36,59
	フィレット	96
	複数選択	198
	複製	103
	プリミティブ	27,46
	プレス／プル	80
	フロントエンド	203,218
へ	平面図形	129
	平面をつなぎ合わせる	92
	ヘルプ	41
	ヘルプ・メニュー	40
	編集エリア	22
ほ	方向再設定	69
	ホームアイコン	32
	ホームポジション	58
	保存	25

《ま行》

ま	マテリアル	31,36,123
	丸め加工	96,163
み	ミラー	108
め	メイン・ツールバー	22,27
	メッシュ	37
	面積	121
	面取り	96
	面の認識	138
	面を分割	152
も	文字	31
	元に戻す	27

《や行》

や	やり直し	27
よ	要求スペック	10,11

《ら行》

り	立体の配置	50
る	ルーラー	74
ろ	ロフト	92

アルファベット順

CNC フライス	208
DWG	216
DXF	216
G コード	206
Import	25
Modeling Area	22
OBJ	216
SAT	216
STEP	215
STL	215
STP	215
SVG	25,200
VRML	217
X3D	217

数字・記号

2D でエクスポート	25
3D CAD ソフト	9
3D-CG ソフト	9
3D でエクスポート	25
3D プリンタ	202
3D プリンタ用素材	212
3D プリント	26

■著者略歴

nekosan（ねこさん）

ソフト開発系のエンジニア。
ネットで見かけた「電子制御の自作赤道儀」に興味をもち、自分も作ってみようと思って電子工作を始める。いつの間にか、手段と目的を取り違えてしまい、電子工作を趣味にして十数年。今に至る。

運営サイト：http://picavr.uunyan.com/

【主な著書】

基礎からのOpenSCAD
Edison & ArduinoではじめるIoT開発
「Raspberry Pi」でつくる電子工作
マイコンボードArduinoではじめる電子工作　（工学社）

質問に関して

本書の内容に関するご質問は、
①返信用の切手を同封した手紙
②往復はがき
③FAX(03)5269-6031
　(返信先のFAX番号を明記してください)
④E-mail　editors@kohgakusha.co.jp

のいずれかで、工学社編集部あてにお願いします。
なお、電話によるお問い合わせはご遠慮ください。

サポートページは下記にあります。

［工学社サイト］
http://www.kohgakusha.co.jp/

I/O BOOKS

はじめての「123D Design」[ver2]

平成28年9月5日　初版発行　©2016		著　者	nekosan	
		編　集	I/O編集部	
		発行人	星　正明	
		発行所	株式会社 工学社	
		〒160-0004 東京都新宿区四谷4-28-20 2F		
		電話	(03)5269-2041（代）［営業］	
			(03)5269-6041（代）［編集］	
		振替口座	00150-6-22510	

※定価はカバーに表示してあります。

印刷：図書印刷（株）

ISBN978-4-7775-1967-5